Allegria

Die Autoren

Ingrid Kraaz von Rohr ist erfahrene Heilpraktikerin mit den Schwerpunkten Licht und Farbe sowie klassische Homöopathie. Ihr besonderes Interesse gilt den Eigenschaften der Farben und ihrer Anwendung in der Heilkunde. Seit mehr als 20 Jahren führt sie ihre eigene Praxis in München. Vor vielen Jahren entwickelte sie den bekannten Heilblüten-Farbkarten-Test und den ersten großen Farben-Test. Ihr Wissen vermittelt sie auch in Workshops, als Referentin auf internationalen Kongressen und als Beraterin für Farbgestaltung in Wirtschaft und Industrie.

Wulfing von Rohr, geb. 1948, ist Kultur- und Bewusstseinsforscher und organisiert Friedenstreffen sowie Heilertage. Viele Jahre hindurch war er Referent bei der Tagung der Internationalen Gesellschaft für Tiefenpsychologie, in der er Mitglied ist. Zwanzig Jahre lang hat er als Fernsehjournalist gearbeitet und Dokumentationen produziert. Er ist als Autor und Koautor zahlreicher Bücher über angewandte spirituelle Psychologie, Naturheilkunde und Geheimwissen bekannt geworden und hat die Reihe „Magisch Reisen“ herausgegeben. Edward Bach, Dane Rudhyar, Chris Griscom, Rabbi Tzvi Freeman u.a. hat er als erster dem deutschen Publikum vorgestellt. Für Dr. Chuck Spezzano hat er Vorträge und Seminare übersetzt.

Ingrid Kraaz von Rohr
Wulfing von Rohr

Kraft und Magie der Farben

Das Handbuch der Farben

Besuchen Sie uns im Internet:
www.ullstein-taschenbuch.de

Allegria im Ullstein Taschenbuch
Herausgegeben von Michael Görden

Wichtiger Hinweis:
Alle Informationen in diesem Buch sind wohl geprüft und beruhen auf langjähriger praktischer Erfahrung. Ihre praktische Anwendung zur Förderung der körperlichen und seelischen Gesundheit und des ganzheitlichen Wohlergehens erfolgt in eigener Verantwortung. Dieses Buch ersetzt selbstverständlich keine eventuell notwendige Diagnose beziehungsweise Therapie. Falls Sie unter Beschwerden oder an einer Krankheit leiden, sollten Sie fachkundige, seriöse und amtlich zugelassene Behandler- Innen, zum Beispiel Heilpraktiker, Ärzte/innen oder Psychologen/innen aufsuchen.

Umwelthinweis:
Dieses Buch wurde auf chlor- und säurefreiem Papier gedruckt.

Ullstein Taschenbuch ist ein Verlag der Ullstein Buchverlage GmbH, Berlin.
Originalausgabe
1. Auflage März 2008

Umschlaggestaltung: FranklDesign, München
Titelabbildung: www.artshivananda.com
Gesetzt aus der Sabon
Satz: te•ha, Anif
Druck und Bindearbeiten: GGP Media GmbH, Pößneck
Printed in Germany
ISBN 978-3-548-74403-2

Inhalt

Einleitung

Unsere Wege zu diesem Buch

Vor vielen Jahren hatte die Autorin eine erste Nahtoderfahrung, die letztlich der wichtigste Auslöser für die Beschäftigung mit der Kraft und der Magie der Farben wurde. An ihr selbst und inzwischen auch an vielen Patienten konnte sie erleben, wie heilsam Licht und Farben wirkten.
Ingrid Kraaz von Rohr berichtet:

> Alles begann mit einem Pferd. Um mir selbst meinen Mut zu beweisen – ich hatte ziemlichen Respekt vor diesen großen Tieren – kaufte ich mir ein eigenes Pferd mit dem sinnvollen Namen Causa, zu deutsch: „Ursache". Ich lernte auch deshalb reiten, weil mir als Schauspielerin eine sehr gute Rolle angeboten wurde, die das verlangte. Doch das Schicksal meinte es anders mit mir: Ich stürzte vom Pferd. Meine gesamte Wirbelsäule und der Unterleib wurden in Mitleidenschaft gezogen. Später wurde zudem festgestellt, dass ein Muskel an der Schilddrüse verletzt worden war. Es dauerte viele Jahre, bis ich erfuhr, dass es einen Zusammenhang zwischen Schilddrüse und Kehlkopfchakra gab, dem Energiezentrum für Selbstausdruck, innere Wahrheit und Kommunikationsfähigkeit.
>
> Den Rat, mich nach dem Sturz zu schonen, schlug ich in den Wind. Der Beruf war mir wichtiger und ich

wollte es mir nicht gönnen oder leisten, gut bezahlte Engagements einfach abzusagen. Ich glaubte, dass ich das schon irgendwie schaffen würde. Drei Nächte lang träumte ich nur vom Sterben. Am folgenden Abend bei einem Restaurantbesuch hatte ich plötzlich ein ganz merkwürdiges Gefühl, es war, als ob etwas von mir ginge. Es war befremdlich, aber nicht wie bei einer Ohnmacht. Mir war, als ob ich selbst immer weiter vom Ort des Geschehens wegginge. Es tauchten viele Begebenheiten aus früheren Zeiten vor mir auf. Ich dachte: Jetzt gehe ich weg von hier.

Ich sackte zusammen und befand mich im selben Augenblick in einem wunderschönen, weißen, klaren und dennoch sanften Licht. Ein weißes geflügeltes Pferd tauchte auf. Im ersten Moment dachte ich, dies sei sicher ein Zeichen meiner früh verstorbenen Mutter, sie liebte weiße Pferde. Auf einmal sprach eine unendlich liebevolle und dennoch fordernde Stimme zu mir: „Du kannst hier nicht bleiben. Du hast noch ganz viel zu erfüllen und viel zu lernen. Du wirst vielen Menschen helfen dürfen, ihr Leben besser zu verstehen.“ Das weiße Licht wurde milchig, viele Farben umfingen mich und ich wurde wie durch einen Tunnel oder Trichter gesogen.

Ich erwachte und hatte Schmerzen. Mir war hundeelend – und doch verspürte ich ein starkes Glücksgefühl, verbunden mit einer Gewissheit, die ich vorher nicht erfahren hatte. Mir wurde klar, dass ich mein Leben grundsätzlich verändern würde. Es war ein Vertrauen da, das mir niemand nehmen konnte.

Ziemlich schnell würden sich die Veränderungen ergeben, wie gesteuert – ob zufällig oder aus einer

höheren geistigen Dimension?
Ich musste ins Krankenhaus, die Folgen des Unfalls verschlimmerten sich. Nach einiger Zeit verließ ich auf eigene Verantwortung das so genannte Wachzimmer und ging nach Hause. Ein Heilpraktiker half mir schließlich mit Homöopathie und Naturheilkunde. In mir wuchs ein Verständnis für die Grundlagen der Heilung des Menschen in seiner Gesamtheit. Ich studierte an einer der besten Schulen in Deutschland Naturheilkunde, wo man alle Grundlagen der naturwissenschaftlichen Medizin erlernte und zusätzlich alle wichtigen Naturheilverfahren.

Aber die Sehnsucht nach dem Licht und den Farben, die ich bei meinem Nahtoderlebnis gesehen hatte, ließ nicht nach. Als ich in einem Krankenhaus in der Geburtsabteilung helfen durfte, erlebte ich wieder dieses wunderbare weiße, ja sogar goldene Licht, das manchen Menschen bei der Geburt mitgegeben wird. Doch mit wem würde ich darüber sprechen können?

Ich entdeckte so viele Menschen, die eine starke Lichtabstrahlung umgab, sogar in verschiedenen Farben. Es gab Pflanzen, die dies ebenfalls ausströmten.

Die innere Sicherheit und diese Gewissheit einer „höheren Macht“, einer Kraft von „oben“ oder „innen“, hat mich seither auch in den schlimmsten Krisen des Lebens nicht verlassen. Es war mein Lebensziel geworden, mehr über die Lichtstrahlung um ein Wesen herum zu erfahren. So ergriff ich die Gelegenheit, zunächst in Deutschland bei Peter Mandel mehr über die Abstrahlung des Körpers und der Seele zu lernen. Später durfte ich mit Dr. Jay Scherer in den USA zusammenarbeiten, der die Dinshah-Farbenlehre anwandte. Ich erlebte die Kraft und die Magie der Farben und genoss die Erfahrungen in vollen Zügen.

Seit 25 Jahren arbeite ich nun selbständig in meiner Naturheilpraxis. Ich konnte immer wieder feststellen, dass Farben wirken, gleichgültig ob man davon weiß, ob man daran glaubt oder nicht. Ich habe so viele Heilerfolge erleben können. Da gab es einen Arzt in den USA, der an einem meiner Seminare teilnahm und mich am nächsten Morgen sehr früh anrief und freudig erklärte: „Es stimmt, dass die Farben wirken. Meine Warzen sind tatsächlich weg. Ich habe abends sofort angefangen, sie mit Grün und Violett mit einer kleinen Farblampe zu bestrahlen, so wie Sie es im Seminar empfahlen. Das war mir die schlaflose Nacht wert. Und jetzt sind sie abgefallen. Das ist wie Magie!“

Oder die Hausfrau aus dem Saarland, die mich anrief und enthusiastisch sagte: „Es hat gewirkt. Ich habe, so wie Sie es geraten hatten, täglich acht Gläser Wasser getrunken, das auf einem grünen Untersetzer stand.“ Auf meine Frage, was ihr denn fehlte, sagte sie: „Seit Jahren litt ich unter Nackenschmerzen. Das Besondere daran ist, dass auch meine braun belegte Zunge nach drei Tagen wieder rosa aussah. Danke!“

Eine Sängerin konnte wieder auftreten. Aufgrund einer schweren Demütigung hatte ihr die Stimme versagt. Mit dem Farbentest im Seminar entschied sie sich für Orange. Die Farbe wurde auf einen bestimmten Akupunkturpunkt gerichtet, in Höhe des

Unterleibs. Es funktionierte: Der Mut, die Kraft der Stimme und das Selbstbewusstsein der Frau kehrten zurück.

Solche Beispiele sind inzwischen fast zahllos. Die Kraft der Farben wirkt häufig auf eine Weise, die wie Magie erscheint. Es wurde ein Bedürfnis, viele Menschen an diesem wirksamen und vor allem schönen Weg der Heilung teilhaben zu lassen.

Wulfing von Rohr, der Koautor, hatte mit Ingrid Kraaz von Rohr bereits vor bald zwanzig Jahren ein Grundlagenbuch zur Naturheilkunde und über Farben und Bachblüten geschrieben, „Die richtige Schwingung heilt". Es folgten einige weitere Projekte, vor allem „Meine Kraftfarben finden", das Set mit 33 Farbkarten zur praktischen Arbeit. Dieses Buch stellt eine Vertiefung der praktischen Anwendungen dieser Karten dar und bringt eine Fülle von Bezügen und Hinweisen auf verwandte Gebiete, auch wenn nicht immer alle 33 Kraftfarben dabei eine Rolle spielen. Ihm ist es ein Anliegen, wichtige Themen von herausragenden Fachleuten, vor allem „Fachfrauen", einer breiteren Öffentlichkeit vorzustellen.

Sie finden auf den folgenden Seiten jede Menge Informationen darüber, wie Sie mit den Farben und ihren Kräften arbeiten können. 33 Kraftfarben stellen wir Ihnen mit ihren grundlegenden Eigenschaften vor. Sie lernen auch Entsprechungen der Farben zu Runen, Tierkreiszeichen, zur Heilkraft von Steinen und vieles mehr kennen. Mit allen diesen Informationen können Sie arbeiten – für Ihr Wohlbefinden, für Heilung und Bewusstwerdung, für Ihre persönliche Weiterentwicklung. Sie können damit experimentieren, sich inspirieren lassen und immer tiefer eintauchen in eine faszi-

nierend „bunte“ Welt.
Wir wünschen Ihnen, dass Sie den Weg zur Liebe finden und dabei stets in der Lage sein mögen, mit Hilfe der Farben und des Lichts am Wunder der Schöpfung mitzuwirken!

Ingrid Kraaz von Rohr und Wulfing von Rohr
Grünwald bei München und Anif am Untersberg,
Herbst-Tagundnachtgleiche 2007

1 Leben mit Farben

Licht, Schwingungen und Kräfte

Was wäre eine Welt ohne Farben? Farben sind schön oder erregend, zart oder grell, lebendig oder langweilig. Farben sind ein ganz natürlicher Teil unserer Welt, der uns meist so selbstverständlich erscheint, dass wir gar nicht lange darüber nachdenken oder bewusst in sie und ihre Kraft hineinspüren.

In der Kunst haben Farben immer eine große Rolle gespielt, oft als eine religiöse Symbolsprache. Die Farben von Maria sind Blau und Silber, die Farbe des Propheten ist Grün, Heiligenscheine sind Weiß und Gold. Auch die Insignien von Würde oder Macht tragen besondere Farben: wir sprechen vom Kardinalspurpur und von Königsblau; die Arbeiterbewegung hatte Rot als ihre Signalfarbe gewählt, die deutschen Faschisten Braun, die Anarchisten Schwarz. (Mehr dazu bei Prof. Dr. Ingrid Riedel: Farben in Religion, Gesellschaft, Kunst und Psychotherapie, Stuttgart 1996.)

Spätestens seit der Entdeckung der Brechung von Sonnenlicht am Glasprisma mit der Aufteilung in Spektralfarben und seit Johann Wolfgang von Goethes Farbenlehre erreichte die Beschäftigung mit Farben als Lebenskräfte größere Kreise der Bevölkerung. Wir kennen inzwischen den

Unterschied zwischen Lichtfarben und Pigmentfarben, wissen von den Grundfarben des Fernsehens (Blau, Grün und Rot) und den Grundfarben der Malerei (Blau, Gelb und Rot). Einige Menschen nehmen sogar feinstoffliche Farben in Aura und Chakras, in Jenseitsreichen und Himmelssphären wahr. Und manche erleben Entsprechungen zwischen Musik und Farben.

Über ihre Symbolik hinaus haben Farben aber ganz greifbare Wirkungen – emotional-psychologische und medizinisch-therapeutische Wirkungen. Farben wirken direkt physiologisch, oder als Katalysator, zum Beispiel in der meditativ-spirituellen Anwendung.

Naturwissenschaftlich betrachtet kommt die Wahrnehmung von Farben erst dadurch zustande, dass wir Menschen mit unseren Augen die Farben unabhängig von ihrem Helligkeitswert aufgrund der Wellenlänge des Lichtes unterscheiden können. Wir sehen „tri-chromatisch“, entsprechend den drei „Zapfentypen“ (Rot, Grün und Blau) und können bis zu etwa 160 Farbtöne unterscheiden. Aus der „Mischerregung“ von zwei oder allen drei Zapfentypen entsteht die Vielfalt der Farbempfindungen. Farbkontraste und farbige „Nachbilder“ erscheinen in der jeweiligen Komplementärfarbe.

Zur Einordnung der 33 Kraftfarben

Die 33 Kraftfarben sind in 5 Gruppen unterteilt

- Acht Grundfarben: Magenta, Rot, Orange, Gelb, Lemon, Grün, Blau, Violett
- Acht Zusatzfarben: Purpur, Zinnober, Zitrone, Frühlingsgrün, Tannengrün, Türkis, Indigo, Nachtblau
- Acht Pastellfarben: Rosé, Pfirsich, Apricot, Cream, Jade, Himmelblau, Lavendel, Pink
- Acht Sonderfarben: Weiß, Grau, Schwarz, Silber, Perlmutt, Gold, Kupfer, Braun
- Eine Eigenfarbe: Die ganz individuelle Farbe, die Sie für sich aussuchen

Sicher sind auch eine Reihe anderer Ordnungssysteme denkbar. Das hier vorgelegte beruht auf nunmehr über zwei Jahrzehnten der wissenschaftlichen und heilkundlichen, der psychologischen und metaphysischen Erforschung und der praktischen Arbeit mit Farben.

Es hat sich als besonders schlüssig bewährt.

Spirituelle Zahlensymbolik der 33 Kraftfarben

Hier erste Stichworte zu den 33 Farben, die im Zusammenhang so etwas wie einen Entwicklungsweg, besser vielleicht: eine Entwicklungsspirale der Seele auf ihrem Weg durch dieses Erdenleben aufscheinen lassen, die von einer unsichtbaren innersten und höchsten Quelle der Einheit über die Vielfalt der Welt und ihrer Erscheinungen wieder in die bewusste Vereinigung führt.

1) Magenta	Inkarnations- und Überlebensimpuls
2) Rot	Kraftvoller Selbstausdruck
3) Orange	Beginn der Entwicklung
4) Gelb	Kommunikation mit der Umwelt
5) Lemon	Eigene Entscheidungen
6) Grün	Harmonisches Leben
7) Blau	Öffnung über persönliche Grenzen hinaus
8) Violett	Inspiration von oben
9) Purpur	Wille zur Manifestation
10) Zinnober	Gestaltung im Hier und Jetzt
11) Zitrone	1. Meisterschaft auf der irdischen Ebene
12) Frühlingsgrün	Erblühen für höhere Werte
13) Tannengrün	Festigung der höheren Werte
14) Türkis	Ausstrahlung höherer Werte
15) Indigo	Verankerung des Bewusstseins im höheren Selbst
16) Nachtblau	Erfüllung durch überpersönlichen Frieden
17) Rosé	Herzöffnung für die Sehnsucht der Seelen
18) Pfirsich	Mitfühlende Anteilnahme an spiritueller Sehnsucht
19) Apricot	Heilende Hilfe für spirituelle Sucher
20) Cream	Zeit des Ausruhens
21) Jade	Zeit der stillen Freude
22) Himmelblau	2. Meisterschaft auf der ätherischen Ebene
23) Lavendel	Öffnung über ätherische Grenzen hinaus
24) Pink	Sehnsucht nach spiritueller Harmonie
25) Weiß	Notwendigkeit der Klärung
26) Grau	Aufnehmendes Abwarten
27) Schwarz	Bewahrung von Energien
28) Silber	Kommunikation auf der Ätherebene
29) Perlmutt	Liebe auf der Ätherebene

30) Gold	Überpersönliche Liebe
31) Kupfer	Transformierte irdische Liebe
32) Braun	Beschütztes Leben
33) Eigenfarbe	3. Meisterschaft auf der spirituellen Ebene

Im nächsten größeren Abschnitt geht es um praktische Anwendungen der Kraftfarben im Alltag, zur Heilung, zur psychologischen Harmonisierung und Stärkung.

2
Therapeutische Kraft der Farben

Farbpsychologie und Farbtherapie

Wie Sie mit den Kraftfarben im Alltag umgehen können, wie Sie deren Energien sinnvoll nutzen können, finden Sie in diesem recht ausführlichen und dennoch überschaubaren Praxisteil. Darin gehen wir auf die Farbwirkungen für die Psyche ein, also für Gefühle und Gedanken; auf die Farbwirkungen für die allgemeine Gesundheit; darauf, was es bedeutet, wenn eine Farbe im Leben praktisch völlig fehlt; auf die Deutung von Kraftfarben als Orakel sowie weitere Schlüsselworte zum besseren Verständnis. Die Reihenfolge entspricht der weiter oben genannten. Am Anfang finden Sie Hinweise darauf, was die jeweilige Farbe positiv bzw. negativ bedeuten kann, und welche Ziele sich am besten mit der jeweiligen Farbe verbinden bzw. durch diese stärken lassen können.

1. Magenta: Überleben

+ Spirituelle Energie

- Aufgeben

Ziel ist die Erfahrung eines Urvertrauens, das aus einer höheren Quelle kommt. Magenta stärkt Ihre medialen Fähigkeiten.

Psychologie: Magenta steht der neutralen Farbe Grün im Farbkreis genau gegenüber; es ist eine „aktiv-neutrale" Farbe. Sie steht für reiches Gefühlsleben und soziales und religiöses Engagement.

Wenn diese Farbe fehlt: Suchen Sie nach Formen, eine überpersönliche Kraft in sich zu aktivieren, zum Beispiel, indem Sie Magenta ab und zu tragen oder als Kissen im Zimmer haben.

Wenn es davon zuviel gibt: Sie sollten mit Ihrer Kraft haushalten und darauf achten, sich nicht zu verausgaben und zu überreizen.

Heil- und Chakraarbeit: Am Punkt zwischen Oberlippe und Nase wirkt Magenta als „Wiederbelebungsenergie". Magenta eignet sich gut für intensive Visualisierungen und für das Wurzelchakra; am besten eher kurzzeitig und vorübergehend.

Orakel: Suchen Sie nach neuen Wegen zur Selbstverwirklichung, auch wenn Sie dabei nicht mehr der Massenmeinung folgen.

2. Rot: Tatkraft

+ Energiepotenzial
- Aggressivität

Ziel ist, die Einsatzbereitschaft so zu entwickeln, dass Energien sinnvoll genutzt werden. Rot stärkt Ihre Kraft und Ihren Willen.

Psychologie: Rot ist eine warme Farbe, die Energien weckt und stimuliert. Sie steht für Aktivität, Lebensfluss und wird im weitesten Sinne mit Liebe, aber auch mit Blut und Leidenschaft assoziiert.

Wenn diese Farbe fehlt: Man versucht, den Unsicherheiten des Lebens aus dem Weg zu gehen und Aufregungen zu vermeiden. Damit versäumt aber womöglich auch etwas!

Wenn es davon zuviel gibt: Solche Menschen neigen zu Spannungen oder gar Aggressionen, und regen entweder sich selber oder andere oft auch, oder leiden unter Schlafstörungen.

Heil- und Chakraarbeit: In der Farbtherapie sollte man Rot sparsam einsetzen (nie bei entzündlichen Prozessen; auch bei Chakraarbeit führt Rot meist zu Überstimulierung), aber gut für kalte Füße.

Orakel: Legen Sie Ihren Sicherheitsgurt an; die kommende Zeit wird aufregend und bringt aber auch neue Chancen.

3. Orange: Ausdehnung

\+ Entfaltungswille
\- Andere überrollen
Ziel ist, eine angemessene Ausdruckskraft von Seele und Persönlichkeit zu finden. Orange stärkt Ihre Bereitschaft, sich für Neues zu öffnen und kreativ nach außen zu gehen.

Psychologie: Es geht vor allem um Öffnung – auf der emotionalen, mentalen und spirituellen Ebene. Aktive Ausdehnung und kreative Entfaltung ist möglich, wenn zuvor Neues aufgenommen wurde.

Wenn diese Farbe fehlt: Probieren Sie ein neues Hobby aus, eine neue Sportart; unternehmen Sie etwas, verreisen Sie.

Wenn es davon zuviel gibt: Es gilt zu prüfen, ob der Ausdehnungs- und Ausdruckswille eine Luftblase ist oder echte

Substanz hat. Ziellosigkeit und übersteigertes Verlangen sind möglich.

Heil- und Chakraarbeit: Geeignet zur sanften Aktivierung des Sakralchakras. Orange fördert den natürlichen Energiefluss. Es stärkt die seelische Kraft, den eigenen Selbstwert zu entwickeln.

Orakel: Lassen Sie sich spielerisch auf die nächste neue Chance ein, ohne etwas zu forcieren.

4. Gelb: Heiterkeit

\+ Beobachtungsgabe
\- Oberflächlichkeit
Ziel ist ein fairer zwischenmenschlicher Austausch und ein innerer Dialog mit höheren Kräften. Gelb stärkt eine heitere Einstellung zum Leben und geistige Beweglichkeit.

Psychologie: Schnelle Auffassungsgabe und Weltoffenheit kennzeichnen Menschen vom Typus „Gelb“. Sie haben wenig Angst, nutzen Ihren Verstand sind kommunikativ.

Wenn diese Farbe fehlt: Bleiben Sie auf Ihrem Weg zur Suche nach Sinn, auch wenn konkrete Ergebnisse auf sich warten lassen.

Wenn es davon zuviel gibt: Mangel an Ausdauer und Neigung zum Bau von Wolkenkuckucksheimen bzw. zu forcierter Fröhlichkeit; auch Nervosität. Hohe Wünsche nach Anerkennung und die Neigung, mehr aufnehmen zu wollen, als man verarbeiten kann.

Heil- und Chakraarbeit: Gelb (und Lemon) hilft zur Entgiftung der Leber, zur Anregung des Kehlkopfchakras, zur

Ordnung von Gedanken und zur allgemeinen Stimmungsaufhellung.

Orakel: Lassen Sie gerade jetzt das Sonnenlicht in Ihr Herz!

5. Lemon: Loslassen

\+ Selbstwert
\- „Klebrige" Energie
Das Ziel dieser Farbe besteht darin, die Vergangenheit endlich loszulassen und damit den natürlichen Energiefluss zu fördern und auszugleichen. Lemon stärkt das Immunsystem.

Psychologie: Sie versuchen, Lebenssituationen lieber mit dem Verstand zu bewältigen, als Ihre Gefühle auszuleben. Sie scheuen die „Wechselbäder" des Schicksals. Aber eigentlich spüren Sie genau, was gut und richtig für Sie ist; vertrauen Sie sich selbst!

Wenn diese Farbe fehlt: Nicht eine direkte Energieblockade, sondern eher ein „klebriges" Gefühl, verklumpte Energie, Energiestau, Verlangsamung der normalen Fließgeschwindigkeit.

Wenn es davon zuviel gibt: Energien werden zu „dünnflüssig", sie laufen leicht „aus"; es ist schwierig, Kraft zu halten. Wenden Sie dem Leben im Alltag wieder mehr Aufmerksamkeit zu.

Heil- und Chakraarbeit: Mit Lemon den Lymphfluss verbessern, Heilfarbe für Leberprobleme, zur Aktivierung der Thymusdrüse, bei Immunschwäche und bei chronischen Beschwerden.

Orakel: Bringen Sie Verstand und Herz, Geist und Körper in Einklang. Spirit und Materie gehören auf dieser Erde zusammen.

6. Grün: Heilung

+ Neutralität und organisches Wachstum
- Materielle Einstellung

Ziel ist es zu lernen, harmonisch über den Dingen zu stehen. Grün stärkt Ihre Fähigkeit zum neutralen Ausgleich.

Psychologie: Grün ist eine neutrale Farbe zwischen „warm“ und „kühl“. Sie steht für Gesundheit, irdisches Leben, Wachstum.

Wenn diese Farbe fehlt: Wenden Sie sich wieder mit mehr Einsatz den vielfältigen Formen des Lebens zu, nehmen Sie wieder mehr Anteil am normalen Alltag.

Wenn es davon zu viel gibt: Neigung zur Überbewertung von Form, Struktur und Materie; der schöpferische Geist des Lebens wird zu wenig beachtet; Dämpfung der Empfindungsfähigkeit.

Heil- und Chakraarbeit: Grüntöne (und Blautöne) sind allgemein wirkende Heilfarben; Hildegard von Bingen sprach von der Gesundung durch die „Grünkraft“. Besonders am 1. und 2. Chakra hilft Grün zur Beruhigung bei überschießenden Energien.

Orakel: Genießen Sie das Leben so, wie es jetzt gerade ist.

7. Blau: Ruhe

+ Mentale Besonnenheit
- Emotionale Kühle

Ziel ist, Seelentiefe zu erlangen. Das kann man allerdings nicht „machen“, sondern nur durch Zeiten der Ruhe, Beschaulichkeit und Meditation von selbst entstehen lassen.

Psychologie: Eine ruhige und besonnene Lebensweise ist für Sie wichtig. Dabei sind Sie empfindsam und feinfühlig. Sie vermeiden Auseinandersetzungen, so gut es geht.

Wenn diese Farbe fehlt: Lassen Sie mehr Ruhe in Ihr Leben einkehren. Sie müssen nicht bei jeder Aktivität mitmachen.

Wenn es davon zuviel gibt: Vielleicht fühlen Sie sich manchmal etwas einsam oder unverstanden. Sie möchten alle Menschen lieben und sind erstaunt, dass diese das nicht immer schätzen. Verlangsamt Gedankentätigkeit und kann (Alp-)Träume fördern.

Heil- und Chakraarbeit: Blau kühlt, hilft, Entzündungen und Schwellungen zu lindern, sediert. Für Kehlkopf- und Nabelchakra zur Beruhigung und zum Ausgleich bei Erregungszuständen.

Orakel: Sie werden in der nahen Zukunft Seelen-Liebe spüren.

8. Violett: Reinigung

+ Ausgleich
- Spirituelle Arroganz

Ziel ist die Öffnung für den Geist, um Vollkommenheit zwischen Materie und Gemüt zu erreichen. Violett stärkt die spirituelle Inspiration.

Psychologie: Intuition, Mystik und Metaphysik spielen eine Rolle. Solche Menschen sind in der Lage, niedere oder negative Impulse zu transformieren. Violett ist eine „Ganzheitsfarbe“, die feinstoffliche Veränderungen bewirken kann.

Wenn diese Farbe fehlt: Man glaubt nur, was man sehen und greifen kann und geht so womöglich an Vielem vorbei – wie Liebe, Schönheit, höhere Bewusstseinserfahrungen.

Wenn es davon zuviel gibt: Tagträumerei bis hin zur Weltflucht; unter Umständen sogar elitäres Denken und Handeln, weil man sich selbst für „auserwählt“ ansieht.

Heil- und Chakraarbeit: Die mediale Empfänglichkeit kann mit Violett gefördert werden (besser am Nabelchakra als am Scheitelzentrum!). Violett heilt und reinigt vor allem auf der feinstofflichen Ebene und durch feinstoffliche Schwingungen.

Orakel: Übe eine Woche täglich eine halbe Stunde stille Meditation.

9. Purpur: Lebenswille

+ Selbstbehauptung

- Missachtung

Ziel ist eine tiefe seelische Entspannung, die in einem sicheren Vertrauen auf die Einbettung in höchsten ewigen Kräften ruht.

Psychologie: Purpur war von altersher eine kostbare Farbe, die Hoheit anzeigt: Purpurmantel für Kaiser und Kardinäle; aber schon bei den Phöniziern, Persern, Griechen und Römern verwendet. Selbstverständliche, von innen her gegebene Würde – und Güte!

Wenn diese Farbe fehlt: Nur eigene Sicht und Urteil gelten; Hang zur dogmatischen bzw. fanatischen Betrachtung und Handlung.

Wenn es davon zuviel gibt: Stolz oder Eitelkeit, Machtausübung angeblich im Namen höherer Gesetze oder geistiger Wesen.

Heil- und Chakraarbeit: Als Lichtfarbe oder in Kleidungsstücken und Einrichtungsgegenständen, um den Lebenswillen und die Selbstbehauptung zu fördern, indem das Selbstvertrauen nachhaltig von innen gestärkt wird (Nabel- und Herzchkara).

Orakel: Probieren Sie einen neuen Blick auf Ihr Leben: den der natürlichen Würde Ihres Selbst und der Ewigkeit Ihrer Seele.

10. Zinnober: Bewegung

+ Leidenschaft
- Andere bedrängen

Ziel ist, eine Art von Pioniergeist zu entwickeln, die dem eigenen Enthusiasmus entspricht und dabei den Freiraum anderer achtet.

Psychologie: Eine Farbe des natürlichen Wachstums, auch des leidenschaftlichen Einsatzes und starker Triebkräfte. Damit gerät – oft unbewusst und ungewollt – in die Situation, dass man andere bedrängt oder überrollt. Auf jeden Fall bewegt sich immer etwas.

Wenn diese Farbe fehlt: Mangel an Anteilnahme, Begeisterung und Wachstums- und Entwicklungskräften; gehemmtes Triebleben.

Wenn es davon zuviel gibt: Wut über Unverstandensein oder Ablehnung; aufgestaute Energien, die sich zu entladen drohen.

Heil- und Chakraarbeit: Zur behutsamen und nur kurzzeitigen Aktivierung von Wurzel- und Sakralchakra, falls das wirklich notwendig ist; zur intensiveren Anregung der Lebenskräfte als mit Orange; zur rasch wirksamen Stimmungsaufhellung; aber auf keinen Fall bei Entzündungs- oder Aggressionszuständen.

Orakel: Unternehmen Sie etwas, was Ihnen Spaß macht.

11. Zitrone: Austausch

+ Leichtigkeit
- Beeinflussung durch Äußerlichkeiten

Ziel ist, einen Handlungsentschluss bei einer konkreten Sache zu fassen, und sich nicht im vielfältigen Für und Wider zu verlieren.

Psychologie: Eine „luftige" Farbe, so leicht wie der beschwingte Zitronenfalter im Frühling. Mal ist man hier, mal dort; jetzt interessiert eines dieses, dann wieder etwas anderes.

Wenn diese Farbe fehlt: Etwas mehr geistige Beweglichkeit und Offenheit für neue Ideen und andere Gesichtspunkte dürften Ihnen gut tun. Es muss auch nicht immer alles im Leben bierernst sein.

Wenn es davon zuviel gibt: Unbekümmertheit gepaart mit einer gewissen Unverbindlichkeit könnte zu Oberflächlichkeit führen.

Heil- und Chakraarbeit: Kann Entgiftungsfunktionen (Leber, Sonnengeflecht, Milz, Lymphe, Thymusdrüse) anregen; unterstützt die mentale Regsamkeit und feinstoffliche Klärungsprozesse (über Nabel- und Herzchakra); in der Meditation Zeichen für Öffnung.

Orakel: Gönnen Sie sich eine Pause mit Freunden – vielleicht ist ein Musikereignis oder eine Tanzveranstaltung jetzt das Richtige.

12. Frühlingsgrün: Anregung

\+ Aufbruchsstimmung
\- Unsicherheit
Ziel ist, den Aufbruch neuer Lebensfreude zu erfahren; sich auf den Zauber eines neuen Anfangs einzustimmen und einzulassen.

Psychologie: Das zarte linde Frühlingsgrün symbolisiert die Verheißung eines Neubeginns nach einer kalten und kahlen Zeit. Ein neuer Zyklus des Lebens fängt an und zaubert die Vielfalt der Schöpfung nicht nur auf die Erde, sondern auch ins Herz.

Wenn diese Farbe fehlt: Vielleicht fühlen Sie sich etwas unsicher, weil Sie noch nicht wissen, was Sie jetzt erwartet. Nur Mut – das Leben wird Sie auch in dieser Zeit entfalten und tragen.

Wenn es davon zuviel gibt: Bei aller Freude am Neuanfang sollte man nicht übersehen, dass auch dies nur ein Durchgangsstadium ist, und schon bald die Zeit des stabilen Aufbaus folgen sollte.

Heil- und Chakraarbeit: Wer neue Hoffnung braucht – sich aber durch stärkere Energien (Rot-Töne) leicht überrollt fühlen würde – kann mit Frühlingsgrün sanft und allmählich aufgebaut werden. Auch dieses Grün ist eine Heilfarbe, die zart beruhigend wirkt.

Orakel: Von völlig unerwarteter Seite oder auf ganz überraschende Weise werden Sie neue Hoffnung schöpfen können.

13. Tannengrün: Erholung

+ Innerer Frieden
- Unbeweglichkeit

Ziel ist die Stärke aus der eigenen Mitte zu erfahren und zu nutzen.

Psychologie: Die ersten Wachstumsphasen sind abgeschlossen, es ist eine feste und zugleich flexible Struktur aufgebaut worden; man ist mit sich selbst im Reinen und empfindet Zufriedenheit mit dem Leben und der Welt. Nichts beunruhigt oder regt auf.

Wenn diese Farbe fehlt: Sie sollten versuchen, mehr Gelassenheit und Zuversicht zu entwickeln: die Natur wird alles richten.

Wenn es davon zuviel gibt: Neigung zum Festhalten am Bekannten und Bewährten; gewisse Distanziertheit oder gar Gleichgültigkeit.

Heil- und Chakraarbeit: Zum Kühlen und Beruhigen; als „Gegenmittel" bei Erregungszuständen, Angst oder Aggressionen (besonders am Sakral- und Nabelchakra). Diese Farbe kann Stille und Frieden mit sich bringen, ohne in Träumerei abzudriften.

Orakel: Gehen Sie in einen stillen dunklen Wald und hören Sie nach innen – vielleicht eine halbe Stunde lang.

14. Türkis: Klarheit

\+ Urteilsfähigkeit
\- Teilnahmslosigkeit
Ziel ist, die eigene Wahrheit zu leben.

Psychologie: Türkis ist eine erfrischende und leicht kühlende Farbe. Sie gilt als Farbe des klaren Ausdrucks in der Wahrnehmung und Kommunikation, dabei vielleicht weniger lebendig und auf Austausch ausgerichtet wie Gelbtöne, jedoch sicherer im Urteil. Verstand und Gefühle sind im Einklang.

Wenn diese Farbe fehlt: Es fällt schwer, rasch aufzufassen und klar zu entscheiden. Kopf und Bach kommen sich in die Quere.

Wenn es davon zuviel gibt: Das Urteil fällt schwer, weil es zu viele Für und Wider zu geben scheint; die Kommunikationsfähigkeit ist zeitweise „auf Eis" gelegt; vielleicht auch Distanz zum Leben.

Heil- und Chakraarbeit: Die Wahrnehmungskraft kann mit Türkis gestärkt werden, auch die Mitteilungsfähigkeit – besonders am Nabel- und Kehlkopfzentrum. Türkis kann auch mental reinigen.

Orakel: Schreiben Sie fünf Tage lang Ihre kreativen Impulse auf und sprechen oder drücken Sie dann zwei oder drei auch aus.

15. Indigo: Frieden

+ Sensible Wahrnehmung
- Weltfremdheit

Ziel ist, eine Harmonie zwischen höchsten Idealen und dem irdischen Alltag zu gestalten, zwischen Geist und Körper.

Psychologie: Symbolisiert tiefes und echtes Wissen, Sehnsucht nach einem erfüllten Jenseits nicht als Weltflucht, sondern als spirituelle Realität; Rechtschaffenheit und Selbstlosigkeit sowie persönlicher Mut. Diese Menschen wirken auf andere beruhigend.

Wenn diese Farbe fehlt: Man ist für geistige Sphären nicht geöffnet bzw. hat (noch) kein Interesse an dem, was hinter dem Leben ist.

Wenn es davon zuviel gibt: Die Konzentration auf die irdische Realität wird gedämpft; Verlangsamung der Gedankentätigkeit.

Heil- und Chakraarbeit: Entwickelt neutrale Urteilsfähigkeit, eine höhere, transpersonale Sichtweise des Lebens und der eigenen Aufgaben; fördert die Bereitschaft, das eigene Schicksal anzunehmen und es zu meistern; für Herz- und Augenchakra.

Orakel: Das Herz im Himmel, die Beine auf dem Boden.

16. Nachtblau: Seelentiefe

+ Meditation
- Phantastereien

Ziel ist, aus der verborgenen eigenen Mitte zu leben.

Psychologie: Die Farbe der erwartungslosen, stillen und gelassen-vertrauensvollen Einstimmung auf höhere Ebenen der Existenz; eine Brücke in die Transzendenz des Bewusstseins. Kennzeichnet auch ein starkes Ruhebedürfnis, vielleicht nach Burnout.

Wenn diese Farbe fehlt: Vielleicht hat der Mensch die Tiefen und Höhen des Lebens – über den äußeren Anschein von Körper, Gefühlen und Verstand hinaus – noch nicht kennen gelernt.

Wenn es davon zuviel gibt: Dämpft die Anteilnahme am Leben; kann zur Träumerei verleiten oder zur Weltflucht.

Heil- und Chakraarbeit: In dir lebt eine feine kosmische oder spirituelle Kraft, die ohne äußere Zeichen oder Worte wirkt. Nachtblau kann helfen, auf sehr ruhige, fast stille Weise, für diese Kraft empfänglich zu werden (Herz-, Augen- und Scheitelchakra). Kann auch als Schutz und zur intensiven Beruhigung dienen.

Orakel: Zeit, die Essenz zu suchen, ohne etwas dabei zu wollen.

17. Rosé: Herzensliebe

+ Vergebung
- Rückzug

Ziel ist die Erdung im Sozialen, ein praktisches Leben mit der Nachsicht des Herzens zu verbinden. Sie sind kein Opfer!

Psychologie: Rosa ist eine klassische Herzensfarbe, bei Babykleidung mit kleinen Mädchen verbunden, bei bayrischen Trachten auch für Männer! Sanftheit, Zärtlichkeit, Friedfertigkeit.

Wenn diese Farbe fehlt: Vielleicht fühlt man sich nicht recht verstanden, oder vernachlässigt oder nicht genügend geschätzt; wenn Rosé abgelehnt wird, ist das ein Zeichen von Härte.

Wenn es davon zuviel gibt: Neigung zur Sentimentalität oder zu kitschigem Geschmack; Verlust der Bodenhaftung.

Heil- und Chakraarbeit: Zur Besänftigung des Gemüts, zur Durchlichtung des Herzens, zum Trost der Seele als Lichtfarbe, in der Kleidung, als Schmuck oder im Raum (Rosenquarzpyramide); gut für alle Chakren!

Orakel: Versuchen Sie, Ihrem Herzensimpuls zu folgen.

18. Pfirsich: Freude

\+ Kreativität
\- Verführbarkeit
Ziel ist, eine menschlich einfühlsame Urteilsgabe zu entwickeln, die das Positive in Situationen erfasst und fördert.

Psychologie: Wie alle Pastellfarben, die ja Zwischentöne sind, wirkt Pfirsich wie eine pflegende Hautlotion, wie ein Seelenbalsam, und zwar sowohl auf Gemüt und Geist wie auch auf den Körper. Wenn diese Farbe überwiegt kann das einen „einlullenden“ Effekt haben.

Wenn diese Farbe fehlt: Das Leben ist nicht nur schwarz oder weiß: versuchen Sie, Nuancen wahrzunehmen und zu schätzen.

Wenn es davon zuviel gibt: Der Mensch ist süßlich, drückt sich gern besonders blumig aus, und übertreibt das Harmoniestreben.

Heil- und Chakraarbeit: Zur sehr sanften Aktivierung und gleichzeitigen Harmonisierung geeignet; für Sakral-, Herz- und Kehlkopfchakra; wirkt auch als Schal oder Bettüberwurf günstig.

Orakel: Entdecken Sie die schönen Seiten des Lebens neu: Konzert, Kunstausstellung, wandern oder radeln.

19. Apricot: Zufriedenheit

+ Gelöstheit
- Bequemlichkeit

Ziel ist, Mitgefühl für die Probleme anderer Menschen zu entwickeln, vor allem seelische, und selber Wärme auszustrahlen.

Psychologie: Hilfreich, wenn es darum geht, sich wohl zu fühlen, ohne groß über Gründe oder Berechtigung dafür nachzudenken; Apricot löst Zufriedenheit mit sich und der Welt aus, kann aber auch zur selbstzufriedenen Bequemlichkeit verführen.

Wenn diese Farbe fehlt: Fehlt Ihnen etwas mehr Wärme im Leben, mehr Innigkeit? Meistens bekommen wir nur, was wir selber geben.

Wenn es davon zuviel gibt: Grenzen sind schwer erkennbar; man „schwimmt" irgendwie und ist zwar voll des guten Willens, aber ohne klar zu wissen, was die nächsten konkreten Aktionen sind.

Heil- und Chakraarbeit: Besänftigt, entfaltet auf behutsame Weise die eigenen schöpferischen Kräfte, vermittelt Wärme (Nabel- und Herzzentrum); sorgt als Bettwäsche für besondere Behaglichkeit.

Orakel: Sie haben es sich verdient, äußere und innere Wärme zu spüren: jetzt ist Urlaub angesagt oder romantische Stunden.

20. Cream: Gleichmut

+ Gelassenheit
- Langeweile

Ziel ist, aktives Engagement aufzubringen, damit die Welt ein besserer Ort ist, wenn man sie eines Tages wieder verlässt.

Psychologie: Eine ruhige Farbe, die licht ist, ohne durch zu starke eigene Energie zu erdrücken; drückt eine gelassene Einstellung zum Leben aus; insgesamt neutral und gibt dadurch Freiraum für Entfaltung, falls man sich nicht einfach hängen lässt.

Wenn diese Farbe fehlt: Angst vor Langeweile und davor, selber als langweilig zu gelten; Mangel an eigenen Standpunkten.

Wenn es davon zuviel gibt: Man möchte gern positiv sein, aber dabei gleichzeitig wenig riskieren; kann aber auch Ausgleich für starke berufliche Anspannung und Belastung sein.

Heil- und Chakraarbeit: Für Meditation und Licht-Farbtherapie weniger geeignet; eher als Akzente in Raum oder Kleidung, um Ruhepole zu schaffen oder Ruhe auszustrahlen.

Orakel: Entweder Sie brauchen jetzt wirklich Ruhe – oder Sie sollten aus Ihrem Trott endlich herauskommen und aktiv werden.

21. Jade: Hoffnung

+ Zuversicht
- Ängstlichkeit

Ziel ist eine geistige Sicherheit, die über den Tag hinaus reicht.

Psychologie: In China und Südamerika galt und gilt Jade als Symbol des äußeren Werts und des inneren Adels. Mit dieser Farbe wurde die Hoffnung auf ein ewiges Leben in spirituellen Dimensionen verbunden. Im Westen assoziiert man mit dem linden Jadegrün edle Gesinnung und vornehm zurückhaltende Werte.

Wenn diese Farbe fehlt: Auf den ersten Blick wirkt Jade vielleicht nicht interessant genug; es gibt jedoch viel darin zu entdecken!

Wenn es davon zuviel gibt: Kein Mensch ist eine Insel, auch wenn man sich so sicher fühlt, dass auf andere nicht geachtet wird.

Heil- und Chakraarbeit: Zur Kühlung und Beruhigung; auch zur Anregung des Stoffwechsels und für den Organausgleich; hilft, Angst zu überwinden und wieder ins Gleichgewicht zu finden.

Orakel: Es hat viel für sich, Gleichmut zu pflegen und still die Zwischentöne des Lebens zu genießen. Nur nicht einschlafen!

22. Himmelblau: Zartheit

\+ Seelengefühle
\- Unbestimmtheit
Ziel ist der Frieden der Seele – voller geistiger Beschwingtheit und Heiterkeit, nicht etwa durch Abstumpfung oder Passivität.

Psychologie: Himmelblau zeichnet sich durch Transparenz aus: wenn man lange in die himmelblaue Luft über der Erde blickt, löst sich die Farbe eigentümlicherweise vor den Augen sozusagen auf! Obwohl ein Blau-Ton, wirkt es nicht kühl, sondern neutral bis aktiv.

Wenn diese Farbe fehlt: Diesen Menschen scheint es, als ob alles um sie herum schwer wäre und sie kein Licht am Horizont sähen.

Wenn es davon zuviel gibt: Liegt hier eine unechte, aufgesetzte Sorglosigkeit vor, oder ist der Mensch irgendwie nie zu fassen?

Heil- und Chakraarbeit: Zur Durchgeistigung festgefahrener Muster; zur sanften Auflösung von Verbitterung oder übermäßiger Melancholie; zur Anregung bei phlegmatischer Lebenshaltung; zur Meditation am Herz- und am Augenchakra.

Orakel: Schauen Sie in einen lichtblauen Mittagshimmel: Was ist dahinter? Spüren Sie, was sich in Ihnen dabei regt!

23. Lavendel: Kultiviertheit

\+ Feinfühligkeit
\- Blasiertheit
Ziel ist, Standhaftigkeit zu entwickeln, für die eigenen

Ideale auch dann einzustehen, wenn sie unmodern scheinen.

Psychologie: Man möchte mit den Niederungen des Alltags und der Masse Mensch nichts zu tun haben und sucht ein besseres Leben; Lavendel symbolisiert die Energie der milden weisen reifen Frau.

Wenn diese Farbe fehlt: Manches, was auf den ersten Blick als langweilig erscheint, ist in Wahrheit geeignet, ein gutes spirituelles Fundament zu geben: Mäßigkeit und Regelmäßigkeit!

Wenn es davon zuviel gibt: Möchte man signalisieren, dass man zwar weiß, worauf es ankommt, die anderen aber noch nicht „so weit" sind, das zu verstehen? Ist man jemand Besonderer?

Heil- und Chakraarbeit: Zur Beruhigung der unteren Chakras (Wurzel- und Sakralchakra); zur Anregung der oberen (Herz- und Kehlkopfchakra); gut auch als Lavendelduft, Lavendelkissen.

Orakel: Zeit, mal wieder ganz „altmodische" Dinge zu genießen.

24. Pink: Begeisterung

+ Originalität
- Aufdringlichkeit

Ziel ist, echte Inspiration zu finden und nicht Trubel, Wirbel oder Aufregung schon für geistige Anregung zu halten.

Psychologie: Diese Farbe zieht Aufmerksamkeit auf sich (auch wenn man das nicht beabsichtigt); es ist eine echte

Signalfarbe wie Orange-Rot; man strebt nach dem Ungewöhnlichen und danach, sich nicht von der Masse erdrücken zu lassen.

Wenn diese Farbe fehlt: Wer Modefarben generell ablehnt, will von alten Denkschablonen und Handlungsmustern nicht lassen.

Wenn es davon zuviel gibt: Neigung, um jeden Preis auffallen zu wollen; auch Eigensinn; zur Stärkung des Selbstwerts aber gut.

Heil- und Chakraarbeit: Günstig, um einen ganz neuen Impuls zu setzen, gerade wenn man noch nicht weiß, wohin die Reise gehen soll; bringt eine Offenheit für originelle Ausdrucksformen; kann helfen, den Selbstwert zu fördern (Nabelzentrum).

Orakel: Wenn Sie auffallen wollen, dann nur zu. Wundern (und beschweren) Sie sich aber nicht, wenn die Umwelt reagiert.

25. Weiß: Anfang

\+ Durchlässige Stärke
\- Entscheidungsschwäche
Ziel ist, die Ganzheitlichkeit des Lebens und der Welt zu spüren. Weiß steht für Wahrheit und Vielfalt, in der Unterschiede nicht mehr trennen, sondern auf eine höhere Weise aufgehoben sind.

Psychologie: Weiß symbolisiert den Weg zur Vervollkommnung und die Bemühung, ihn auch zu gehen – zumindest nicht aus den Augen zu verlieren. Unberührtheit, Unschuld, hohe Meditationen.

Wenn diese Farbe fehlt: Womöglich Angst vor Leere, vor dem „Nichts“, der Form- und Gestaltlosigkeit des reinen Seins, vor dem Körpertod. Probieren Sie es mit weißen Kissen auf dem Sofa.

Wenn es davon zuviel gibt: Heftige Reaktionen oder Überreizungen bei Klärungsprozessen sind möglich; auch Orientierungslosigkeit.

Heil- und Chakraarbeit: Sonnenlicht, verstärkt durch Bergkristall oder Diamant, kann als Heilschwingung des Vollspektrumlichtes physisch auf Akupunkturpunkten und Energiebahnen und spirituell bei den Chakras genutzt werden.

Orakel: Gesammelt, aber absichtslos: das Neue aus dem Licht.

26. Grau: Unauffälligkeit

+ Gleichmut
- Unentschlossenheit

Ziel ist, einen aktiven Ausgleich zwischen kreativer Eigendynamik und Anpassung an die Umwelt anzustreben, um die eigene Lebensfreude neu zu entwickeln.

Psychologie: Man möchte nicht auffallen, man vermeidet gern eine akzentuierte Stellungnahme und empfindet Energieaustausch mit anderen eher als riskant und unerwünscht.

Wenn diese Farbe fehlt: Drang, immer aktiv zu sein und keine stillen Pausen zuzulassen. Wer Grau ablehnt, möchte möglichst immer im Mittelpunkt stehen und sich nicht zurücknehmen.

Wenn es davon zuviel gibt: Der Selbstwert wird geschwächt und eine eher sorgenvolle, ängstliche Lebenseinstellung gefördert.

Heil- und Chakraarbeit: Grau ist (neben Schwarz) geeignet, wirre und wilde Energien zu beruhigen und eine „Auszeit“ zu nehmen. Eine echte Heilfarbe ist Grau jedoch nicht und sollte deshalb nur kurzzeitig und vorübergehend verwendet werden.

Orakel: Ziehen Sie sich eine Zeit zurück, um abzuschalten und sich neu zu orientieren, ohne sofort Neues aufzunehmen.

27. Schwarz: Sammlung

\+ Rückzug
\- Geheime Motive
Ziel ist, neuen Sinn zu finden, nach einer kürzeren oder meist längeren Zeit des Rückzugs, der Besinnung oder der Abschirmung.

Psychologie: Stille; Schwarz absorbiert, zieht also Energien an, ohne selbst eigene Energien abzugeben – und wird damit oft zu geheimen Motiven gebraucht. Manche Religionen kleiden ihre Priester schwarz, auch quasi-religiöse (zum Beispiel amerikanische Polizisten und Sicherheitskräfte).

Wenn diese Farbe fehlt: Sorge vor Stillstand, Dunkelheit, Ungewissheit. Probieren Sie mal schwarze Bettwäsche aus.

Wenn es davon zuviel gibt: Führt zur Abkapselung, sozialer Abkehr oder sogar zu Lebensverneinung; oder dient zur Verbrämung von Machtausübung oder zur Einschüchterung.

Heil- und Chakraarbeit: Schwarz ist nur im Ausnahmefall eine „Heilfarbe“, wenn es sonst keine Möglichkeit mehr gibt, extrem wirre Energien erst einmal zu beruhigen. Auch bei extremen Erschöpfungszuständen, um tiefgreifend abschalten zu können.

Orakel: Halten Sie inne. Bitte Sie um innere höhere Führung!

28. Silber: Mitteilung

+ Redefähigkeit
- Redseligkeit

Ziel ist, die spirituellen Botschaften des eigenen Leben wahrzunehmen und die Lebensführung danach auszurichten.

Psychologie: Reinheit bei gleichzeitig überlegter Vorsicht oder Distanz. Silber muss – anders als Gold – besonders gepflegt und poliert werden, um weiter zu glänzen, weil es sonst schwarz wird. Das gilt auch für die geistige Orientierung im Leben.

Wenn diese Farbe fehlt: Mangel an mentaler Klarheit über spirituelle Prioritäten. Kann durch Meditation ausgeglichen werden.

Wenn es davon zuviel gibt: Kann Allergien verursachen oder anzeigen; manchmal Redseligkeit und Verlust von Wahrheitsnähe.

Heil- und Chakraarbeit: Wie alle Metallic-Farben ist Silber keine Lichtfarbe; Heilung über Visualisation (Nabelchakra), Schmuck oder Kleidung. Silber dient zur Klärung; in der Naturheilkunde auch zur Entgiftung bzw. Desinfizierung (z.B. Textilien mit Silberfäden).

Orakel: Meditieren Sie in der nächsten Vollmondnacht über Ihre nächsten Entwicklungsschritte – am besten unter freiem Himmel.

29. Perlmutt: Lebendigkeit

\+ Vielseitigkeit
\- Zerstreute Energien
Ziel ist, sich Fröhlichkeit zu erlauben und das Leben in seiner Buntheit zu genießen, ohne sich an einzelne Dinge zu fest zu binden.

Psychologie: Man kann diese Sonderfarbe als eine Mischung aus Weiß, Silber und Gold mit allen anderen Farben außer mit Grau, Braun und Schwarz ansehen. Im spirituellen Bereich kann diese „Farbe" eine weitgehende Öffnung für kosmische Kräfte anzeigen.

Wenn diese Farbe fehlt: Die Komplexität des Lebens und der vielen Wahl- und Entscheidungsmöglichkeiten verunsichert eher.

Wenn es davon zuviel gibt: Man ist sich unklar, in welche Richtung es gehen soll und man hat das Gefühl, als ob man die eigenen Kräfte nicht zusammenhalten und zielstrebig einsetzen kann.

Heil- und Chakraarbeit: Als Lichtfarbe möglich durch facettenreiche Kristalle oder Diamanten, besser jedoch mit Mondstein, Perlmutt oder Opal; Aktivierung von Herz-, Kehlkopf- und Scheitelzentrum.

Orakel: Lassen Sie sich auf Vielfalt ein, ohne eigene Kontrolle.

30. Gold: Geistige Liebe

+ Wertbewusstsein
- Ich-Verblendung

Ziel ist die spirituelle Entwicklung (siehe Unterschied zu Silber), also die tatsächliche Verwirklichung von Zielen im Alltag.

Psychologie: Symbol für Liebe, Güte, Reichtum, Barmherzigkeit, Heiligkeit, Erleuchtung, Sonnenlicht, Lebenskraft. Steht auch für Zuversicht, Lebensmut, Hoffnung auf Heilung und Erlösung.

Wenn diese Farbe fehlt: Als ob man eine ganze Ebene des Lebens (noch) nicht wahrgenommen hätte. Wer Gold emotional ablehnt, verdrängt die Existenz einer höheren geistigen Lebenskraft.

Wenn es davon zuviel gibt: Zuviel Goldschmuck kann Unsicherheit und Selbstwertmangel verdecken sollen; Versuch, die Sehnsucht nach Vollkommenheit nur mit materiellen Mitteln zu erfüllen.

Heil- und Chakraarbeit: Heilung über Schmuck, Goldwasser, Visualisierung (Herzchakra, 3. Auge; Gold ist keine Lichtfarbe). Auch durch Kunstgegenstände in der Wohnung oder in Kirchen.

Orakel: Sie erhalten eine wunderbare Chance zur weiteren Entwicklung, ohne eigene Arbeit - einfach als Gnadengabe.

31. Kupfer: Sehnsucht

\+ Zuneigung
\- Suchtverhalten
Ziel ist eine verwirklichte Liebe, die auch unter den Bedingungen des Alltags immer wieder Hochstimmungen erleben lässt.

Psychologie: Kupfer ist die Verbindung von Rot mit Gold. Dementsprechend verbinden sich Kraft, Tatendrang und Eros mit echter Liebe, höheren Werten und spirituellen Zielen. Man fühlt sich im Leben gut aufgehoben und beglückt.

Wenn diese Farbe fehlt: Der Reiz und die Begeisterung eines erfüllten Lebens scheint Sie nicht mehr zu erreichen.

Wenn es davon zuviel gibt: Möglicherweise Neigung zu Suchtverhalten (Sex oder Ruhm, Geld oder Genussmittel).

Heil- und Chakraarbeit: Zur Aktivierung des Sakralchakras und Anregung von Libido und Eros; aber auch zur Erdung mit einer aktiveren und spirituelleren Komponente als etwa nur mit Braun.

Orakel: Entdecken Sie wieder neu, dass irdische Liebe und spirituelle Ziele keine Gegensätze sein müssen.

32. Braun: Sicherheit

\+ Erdung
\- Unterdrückung
Ziel ist selbstlose Hilfe auf der weltlichen Ebene. Dazu muss man zunächst sich selbst fest verankern und irdische Geborgenheit zu spüren, auch, um sich selber schätzen zu können.

Psychologie: Die Erde, aus der schöpferische Kräfte Gestalt annehmen ist Braun, und auch die menschliche Ausscheidung von Stoffen, welche der Körper nicht mehr benötigt.

Wenn diese Farbe fehlt: Mangel an innerer und äußerer Sicherheit; daraus entsteht dann leicht ein Mangel an Willens- und Tatkraft.

Wenn es davon zuviel gibt: Zuviel Braun behindert die seelisch-spirituelle Entfaltung und hemmt unter Umständen auch die körperlich-emotionale Entwicklung. Alles scheint einerlei zu sein.

Heil- und Chakraarbeit: Braun kann nach Phasen des Rückzugs, der Sammlung oder der Überreizung hilfreich sein, sich wieder dem Leben und dem Eigenausdruck zuzuwenden; Rauchkristall hilft.

Orakel: Es ist an der Zeit, greifbare Werte und spürbare Sicherheiten zu entwickeln – und wirklich zu schätzen.

Ihre eigene Lieblingsfarbe

Vermutlich haben Sie eine ganz bestimmte Farbe, die immer wieder in Ihrem Leben auftaucht, die Sie begleitet. Und gerade diese Farbe bzw. diesen Farbton finden Sie unter den 32 gedruckten Karten nicht. Deshalb gibt es ausdrücklich geistigen Raum (und im Kartenset auch eine Leerkarte), damit Sie Ihre eigene Farbe bestimmen können. Für diese Farbe können Sie sich hier die wichtigsten Hinweise und Deutungen notieren.

33. Eigene Farbe: Inspiration, ...

Schlüsselbegriff zu Ihrer Farbe

+ günstige Aspekte: ....

....

- ungünstige Aspekte: ....

....

Ziel bzw. Aufgabe oder Herausforderung: ....

....

Deutungen aus der Psychologie: ....

....

Wenn diese Farbe fehlt oder abgelehnt wird: ....

....

Wenn es davon zu viel gibt: ....

....

Heil- und Chakraarbeit mit dieser Farbe: ....

....

Orakel: ....

....

3
Magische Kraft der Farben

Farben und die 7 Strahlen

Die Strahlen des Regenbogens zeigen uns immer wieder, welche Schönheit und subtile Kraft im Licht der Sonne steckt. Sonnenlicht macht unser Leben auf der Erde überhaupt erst möglich, wie wir alle wissen. Es schenkt uns Wärme, lässt die Flora wachsen und die Fauna gedeihen, wir nehmen mit Hilfe des Sonnenlichts die Energien auf, um Vitamin D im Körper herzustellen; der Mangel an Sonnenlicht im Winter führt oft zu Niedergeschlagenheit. Die rötlich aufsteigende Morgensonne gibt den Impuls zur täglichen Aktivität, das abendliche dunkle Blau des Nachthimmels pflegte nicht nur Entspannung zu bringen, sondern auch die Ruhephase, den Schlaf der Menschen einzuleiten (bevor elektrisches Licht und eine ver-rückte Lebensweise oft auch die Nacht zum Tage machte).

Neben diesen physiologisch erlebbaren Wirkungen des Sonnenlichts gibt es eine Fülle verborgener Kräfte, die in Licht und Farben wirken. Auf viele sind wir eingegangen. In diesem Abschnitt wollen wir auf bestimmte metaphysische Wirkungen von sieben Hauptfarben eingehen. Diese Farben der sogenannten sieben Strahlen umhüllen unsere Erde laufend in sehr feinen, meist unsichtbaren Strömen unbegrenzter geistiger Energien. Für bestimmte Menschen haben dabei gewisse Farben eine besondere Bedeutung; das soll auch für bestimmte Orte, Vorhaben und Ziele gelten.

Die Trinität von drei Grund- oder Primärfarben

Im weißen Licht sind zunächst drei Grundfarben enthalten: Rot, Gelb und Blau. Sie entsprechen drei Grundelementen, nämlich Wasserstoff, Kohlenstoff und Sauerstoff. Diese dreifältige Kraft der Grund- oder Primärfarben sind für unser Leben und unsere Vitalität, für unsere physische, mentale und spirituelle Entwicklung von besonderer Bedeutung, weil sie die entsprechenden feinstofflichen Energien weiterleiten bzw. übertragen.

Der kühle **blaue Strahl** erweckt das göttliche Wissen, er steht auch für die Intention und den Willen. Verstehen und Frieden, ruhige, klare Kommunikation mit sich selbst und anderen wird gefördert. Der blaue Strahl hilft uns, über die engen Grenzen der Materie hinauszugehen und in die Weiten der Unendlichkeit zu spüren und zu sehen, und von dort neue Impulse zu empfangen.

Der helle **gelbe Strahl** regt die mentale Tätigkeit des Gehirns an, das Denken. Es ist auch der Sonnenstrahl, der lebensspendend und energieerhaltend wirkt. Klarheit der Gedanken, fröhliche Anteilnahme am Leben und die Anregung wichtiger körperlicher Organe werden vom gelben Strahl unterstützt. Die Entscheidungskraft wird gestärkt, der Ordnungssinn gefördert, die Gedächtnisleistung verbessert.

Der warme **rote Strahl** führt dem physischen Körper die Energie zu, welche notwendig ist, um ihn aufrecht zu erhalten. Die Atmungstätigkeit wird vom roten Strahl getragen, ebenso die Fähigkeit, aktiv zu werden. Energie, Begeisterung und Leidenschaft sowie Überleben sind weitere Aspekte dieses Strahls.

Wenn Blau mit Gelb und Rot in Harmonie sind, sind Körper und Geist ebenfalls in Harmonie und erleben Frieden, gelassene Ausgewogenheit und natürliche Energie. Aus diesen drei Grund- oder Primärfarben entspringen vier weitere Farben, die manchmal Sekundärfarben heißen.

Die Quadruplizität von vier Zusatz- oder Sekundärfarben

Orange verbindet Rot und gelb. Die feurige Energie von Rot vereint sich mit der überlegten Weisheit von Gelb. Orange fördert Kreativität, Expansion, spielerische Lebensfreude, Entdeckerlust und wirkt gegen Langeweile.

Grün ist die Verschmelzung von Verstand (Gelb) und Spirit (Blau). Grün ist eine neutrale Farbe, genau in der Mitte zwischen dem wärmsten Rot und dem kühlsten Blau (an der anderen Seite des Farbkreises steht ja Magenta zwischen Rot und Blau). Das menschliche Auge kann angeblich mehr Farbschattierungen von Grün erkennen als bei allen anderen Farben. Grün ist (wie mehrfach erwähnt) die klassische Harmonie- und Heilfarbe.

Indigo verstärkt die Energie des Blau enorm. („Blau“ ist am ehesten mit dem Begriff „Königsblau“ beschrieben, „Indigo“ vielleicht mit „Nachtblau“.) Indigo beruhigt sehr, führt in die Innenschau und bildet eine Brücke vom Endlichen ins Unendliche, von Materie zu Mystik. Das Unbewusste öffnet sich, mediale Fähigkeiten werden wach.

Violett ist die Farbe der spirituellen Meisterschaft. Im linearen Farbspektrum (nicht im Farbkreis!) ist Violett genau am anderen Ende wie Rot. Jenseits beider sind die Farben Ultraviolett und Infrarot, die für das menschliche Auge nicht sichtbar sind. Violett gibt dem rein spirituellen Indigo-Blau eine praktische und irdisch manifestierte Seite, und es verfeinert das energische, kraftvolle Rot zu einem spirituellen Ziele hin.

In der Zahl 7 sind, wie wir gesehen haben, die Dreiheit und die Vierheit enthalten. Wir haben also einen ersten Einstieg in die sieben Farben gewonnen, welche die Sieben Strahlen bilden. Auf sie gehen wir nun ein.

Die Sieben Strahlen

Eine besondere Sichtweise von sieben Strahlen ist in der Theosophie von H. P. Blavatsky entwickelt und in der Arkanschule nach Alice Bailey weiter entwickelt worden, aber auch in der Ich Bin-Bewegung und verwandten spirituellen, okkulten und religiösen Gruppen bekannt. Die Sieben Strahlen sind demnach sieben verschiedene Arten von kosmischen bzw. okkulten Kräften oder Energien, welche die Welt, die Erde und alle ihre Bewohner aus einem metaphysischen Bereich aus regieren.

Verschiedene „aufgestiegene Meister“ bzw. kosmische Meister und Meisterinnen gehören zu den verschiedenen Strahlen; ebenso Kraftorte oder „Städte“ auf der Ätherebene; vor allem aber bestimmte göttliche Eigenschaften und magische Aufgaben, die über entsprechende Farben und Edelsteinen besonders konzentriert wirken sollen. Man kann Menschen auch dadurch charakterisieren, welche Strahlen und eben Qualitäten in ihnen vor allem zum Ausdruck kommen. So spricht man von Menschen vom ersten

Strahl, oder solchen, in denen der vierte und siebente Strahl wirkt, und so fort.

Wie im Sonnenlicht alle Farben enthalten sind, die durch die Lichtbrechung in einem Prisma unseren Augen erst sichtbar werden, so sind prinzipiell in jedem Menschen alle Strahlen enthalten, unter denen durch die „Brechung" der persönlichen Eigenarten und der karmischen Aufgaben der Seele ein oder zwei besonders augenfällig hervortreten.

Die Strahlkraft aus der Einen Göttlichen Quelle manifestiert sich, je stofflicher die Ebene wird, in immer deutlicheren „Farbvarianten".

Jede Seele ist in dieser Betrachtungsweise eine Botschafterin der Sieben Strahlen. Im Verlaufe der vielen Inkarnationen werden die Qualitäten der sieben Strahlen immer weiter entwickelt, um so nicht nur zur Vervollkommnung der Einzelseele beizutragen, sondern gleichzeitig zur spirituellen Evolution der gesamten Menschheit.

Es folgen nun Beschreibungen zu den Sieben Strahlen. Nicht immer stimmen die unterschiedlichen Schulen im Hinblick auf die Zuordnung von Farben, Eigenschaften und Geistführern überein. Wir nennen deshalb oft mehr als nur eine Entsprechung. Vertrauen Sie auf Ihre eigene innere Stimme, wenn es darum geht, sich selbst ein Bild zu machen, was für Sie richtig und vor allem wichtig ist!

1. Strahl: Der blaue Strahl.
Diamant

Die göttliche Eigenschaft der Macht. Die Kraft des Willens. Der kosmische Meister ist El Morya. Fokus ist ein ätherischer Ort über Darjeeling in Indien. Es geht um die Konzentration des Willens, um magische Philosophie. Der Erzengel des 1.Strahl ist Michael.

Herkules ist der Elohim (damit sind hier nicht Götter gemeint, sondern Erzengeln ähnliche mythische Gestalten) des blauen Strahls in all seinen Schattierungen von Blau. Der 1. Strahl regiert und inspiriert auch die Elementarwesen, deren Wirken zum Aufbau der physischen Welten dient.

2. Strahl: Der indigofarbene Strahl (andere nennen Gelb!)
Saphir.

Die göttliche Eigenschaft der Weisheit. Die Kraft von Liebe und Weisheit.

Der kosmische Meister ist Kuthumi (andere nennen Dwal Kuhl!). Zwei ätherische Orte werden als Fokus dieser Energie genannt, und zwar einer über Shigatse in Tibet und der andere über den Grand Teton-Bergen in Wyoming den USA. Thema ist die Entwicklung des Bewusstseins, vor allem durch Raja-Yoga. Der Erzengel ist Jophiel; Elohim ist Kassiopeia.

3. Strahl: Der grüne Strahl (auch der rosafarbene Strahl!).
Smaragd.

Die göttliche Eigenschaft ist Liebe. Die Kraft der kreativen Intelligenz.

Der kosmische Meister ist Paul, der Venezianer (der als der Renaissance-Künstler Paolo Veronese im 16. Jahrhundert inkarnierte). Fokus ist ein Ort in der Ätherebene über der Provence in Südfrankreich. Die Erforschung der natürlichen magnetischen Kräfte, und auch Astrologie, sind Felder der Tätigkeit. Chamuel ist der Erzengel des 3. Strahls, Orion der Elohim.

4. Strahl: Der gelbe Strahl; auch der weiße Strahl.
Jaspis.

Die göttliche Eigenschaft ist Reinheit. Die Kraft der Harmonie zur Auflösung von Konflikten. Der kosmische Meister ist Serapis Bey. Die ätherische Stadt befindet sich über Luxor in Ägypten. Aufgabe ist die Transformation des Körpers durch Hatha-Yoga bzw. körperliche Entwicklung. Der Erzengel ist Gabriel; der Elohim Klara.

5. Strahl: Der orangefarbene Strahl (auch der grüne Strahl).
Topas.

Die göttliche Eigenschaft ist Wahrheit und Wahrhaftigkeit. Die Kraft der konkreten Wissenschaft. Der kosmische Meister ist Hilarion. Fokus ist der ätherische Ort über Kreta im Mittelmeer. Thema ist Alchemie und die bewusste Handhabung stofflicher Substanzen. Raphael ist der Erzengel des 5. Strahls, der Elohim ist das Weisheitsauge Gottes (das in vielen Kirchen noch in einem Dreieck zu finden ist).

6. Strahl: Der goldrote Strahl (auch magentafarbene und goldene Strahl).
Rubin.

Die göttliche Eigenschaft der Hingabe. Die Kraft der liebevollen Hingabe und des selbstlosen Dienens. Der kosmische Meister ist Jesus. Der ätherische Kraftort befindet sich über Nazareth in Israel. Erzengel ist Uriel; der Elohim ist der innere Frieden. Die Kraft und Gabe der Invokation, der Anrufung, ist ein besonderer Aspekt des 6. Strahls.

7. Strahl: Der violette Strahl.
Amethyst.

Die göttliche Eigenschaft ist Transformation und Manifestation. Die Kraft von Ritual, Zeremonie und meisterlicher Handhabung. Der ätherische Kraftort ist auf der feinstofflichen Ebenen über Transsylvanien in Rumänien. Der kosmische Meister ist St. Germain (dessen irdische Hülle in der Kirche in Eckernförde in Schlewig-Holstein bestattet wurde). Zadkiel ist der Erzengel des 7. Strahls; Arkturus der Elohim.

Gibt es einen 8. Strahl?

Man liest neuerdings, dass es einen neuen, achten Strahl geben soll, den „Strahl der Einheit". Die Lemniskate, die liegende Acht als Symbol der Unendlichkeit, kommt uns dazu in den Sinn. Dieser achte Strahl soll ein weiches, helles Blau sein. Erzengel Micah, der sich einst als Jesus von Nazareth auf der Erde inkarniert haben soll, wird als Regent des achten Strahls genannt. Wir möchten diese Frage und eine mögliche Antwort darauf hier wenigstens kurz erwähnen, ohne selbst schon zu wissen, ob dies der metaphysischen Wirklichkeit entspricht oder noch nicht. Bitte spüren Sie selbst, was für Sie richtig und stimmig ist.

Die Regenbogenbrücke: Meditation mit den Sieben Strahlen

Es gibt eine okkulte Anleitung, die Sieben Strahlen in Form einer meditativen Projektion energetisch zu manifestieren, so dass eine Art Regenbogenbrücke entsteht. Die Methode ist zwar einfach zu beschreiben, es bedarf jedoch einer guten Aufmerksamkeit, um sich die sieben Farben zu merken, die auftauchen. Die Wirkungen sind jedoch von Mensch zu Mensch so unterschiedlich und oft so subtil, dass vielleicht nur wenige daraus Nutzen ziehen. Wir wollen für diese Menschen die Methode jedoch auf jeden Fall vorstellen.

Sie brauchen sich dazu nicht in eine der üblichen Meditationshaltungen hinzusetzen! Sie können die Übung im Gehen, im Stehen, im Sitzen oder im Liegen durchführen, wo und wann es Ihnen Freude macht und wo und wann Sie spüren, dass die Übung Ihnen gut tut.

Erster Übungsteil: Farbenergiebalance

1. Spüren Sie In Ihre Füße: Welche Farbe fühlen Sie dort im Moment besonders? Welche Farbe würde Ihnen hier noch gut tun?
2. Spüren Sie in Ihren Beckenboden: Welche Farbe fühlen Sie dort im Moment besonders? Welche Farbe würde Ihnen hier noch gut tun?
3. Spüren Sie In Ihren Bauch: Welche Farbe fühlen Sie dort im Moment besonders? Welche Farbe würde Ihnen hier noch gut tun?
4. Spüren Sie In Ihren Brustraum: Welche Farbe fühlen Sie dort im Moment besonders? Welche Farbe würde Ihnen hier noch gut tun?
5. Spüren Sie In Ihren Hals: Welche Farbe fühlen Sie dort im Moment besonders? Welche Farbe würde Ihnen hier noch gut tun?
6. Spüren Sie In Ihren Kopf: Welche Farbe fühlen Sie dort im Moment besonders? Welche Farbe würde Ihnen hier noch gut tun?
7. Spüren Sie In über Ihren Kopf: Welche Farbe fühlen Sie dort im Moment besonders? Welche Farbe würde Ihnen hier noch gut tun?

Zweiter Übungsteil:
Die Regenbogenbrücke empfangen

Wenn Sie fühlen, dass Sie farbenergetisch ausgeglichen sind, sammeln Sie sich und spüren sich je nach Vorliebe in Bauch, Herz oder drittes Auge ein.

Bitten Sie dann Ihren Engel, oder Christus oder Gott oder Ihren Geistführer, Ihnen in Bauch, Herz oder Kopf einen Regenbogen der sieben Farben Blau, Indigo, Grün, Gelb, Orange, Rot und Violett zu senden.

Spüren Sie, wie er Sie anfangs zart und vielleicht blass erreicht, und dann immer stärker wird. Beachten Sie, ob eine der sieben Farben besonders kräftig ist. Spüren Sie, welche Empfindungen und Impulse in Ihnen ausgelöst werden.

Dritter Übungsteil: Die Regenbogenbrücke senden
Nun lassen Sie sich inspirieren, welchem Menschen oder welcher Sache Sie die Energie des Regenbogens senden möchten, um zu helfen, zu klären und zu heilen.

Wieder nach Ihrem Belieben spüren Sie sich in Bauch, Herz oder Kopf ein, jetzt auch eventuell über den kopf, und fühlen, wie hier eine unerschöpfliche Quelle vorhanden ist, von denen aus der Regenbogen der sieben Farben Blau, Indigo, Grün, Gelb, Orange, Rot und Violett strahlt.

Lenken Sie diesen Regenbogen nun in Ihrer Vorstellung und senden Sie ihn von sich aus zu diesem Menschen oder in die gewählte Situation. Bemerken Sie, wie sich der Mensch allmählich öffnet, lichter und harmonischer bzw. wie die Situation entspannter und friedvoller wird.

Schließen Sie die Übung mit einem Dank an Ihnen Engel, Geistführer oder spirituellen Helfer.

Farben und Chakraarbeit im Yoga

Die Chakras sind bekanntlich Bewusstseins- und Energiezentren. Man nennt sie auch Kraftzentren. Im Sanskrit bedeutet *Chakra* Rad oder Wirbel. In diesen Zentren kreisen und wirken bestimmte Kräfte, die in ihrer Qualität und Intensität dem Bewusstseinszustand des Menschen entsprechen. In den lehren des Yoga findet man Beschreibungen von sieben Hauptzentren und vielen kleineren Nebenzentren. Fünf der Haupt-Chakras sind entlang der Energiebahn der *Kundalini*- bzw. *Prana*-Kraft, die vom ersten Chakra oder Wurzelzentrum über das Sakral- oder Sexualchakra aufsteigt; dann weiterführt über Solarplexus- bzw. Nabelchakra und das Herzchkara zum Hals- oder Kehlkopfzentrum. Das Zentrum des 3. Auges und das Kronenchakra sind zwar auch „mittig" gelegen, jedoch sind sie oberhalb der Wirkkräfte der Kundalini- und Pranakraft. Parallel zur mittleren Energiebahn, die im Sanskrit *Sushumna* genannt wird, verlaufen links *Ida,* die weibliche Energiebahn, und rechts *Pingala,* die männliche. Manche Autoren, zum Beispiel die russische Heilerin Alla Svirinskaya („Deine geheime Kraft", Allegria Verlag, Herbst 2006), ordnen dem Ida-Kanal die Vergangenheit und dem Pingala-Kanal die Zukunft zu, während die Sushumna die Gegenwart repräsentiert. In dieser mittleren Energiebahn strömt geistige Energie, die nicht mehr der Polarität unterliegt, sobald und solange die Chakras offen und rein sind. Chakras sind nicht-stoffliche bzw. feinstoffliche Energienzentren, an den die Verbindung zwischen Körper und Geist, zwischen Physiologie, Psyche und Spirit stattfindet. Hier erhält der Mensch, seine Aura und auch der Körper neue Energie, oder hier fließt aufgrund von Schwäche oder Fehlfunktion Energie ab. Diese und die folgenden Hinweise stellen keine

„dogmatischen Festlegungen“ dar, sondern sind bitte als Orientierungshilfen zu verstehen.

1. Chakra: Wurzelzentrum

Lageentsprechung: Steißbein
Ausstrahlung: Dammbereich, Beckenboden
Natürliche Kraftfarben: karminrot, ziegelrot
Nervengeflecht: Steißbeingeflecht
Drüsen: Nebennieren
Energie: unterbewusste existenzielle Kraft zur Selbsterhaltung, Lebenskraft, kollektive Kraft, Lebenswille, Eigenwille, grundlegende Kräfte für alle Lebensäußerungen; unbewusster Wille zum Sein; Substanzbewusstsein

2. Chakra: Zeugungszentrum

Lageentsprechung: Kreuzbein, Unterbauch
Ausstrahlung: über den Geschlechtsorganen, in Höhe des Unterleibs
Natürliche Kraftfarben: zinnoberrot, hellrot
Nervengeflecht: Kreuzbeingeflecht
Drüsen: Keimdrüsen
Energie: Vitalität, Antriebskraft zur Arterhaltung, aber auch zur Kreativität allgemein, Motorik und Bewegung; persönlicher Entwicklungsdrang; Form- und Körperbewusstsein

3. Chakra: Nabelzentrum

Lageentsprechung: Lendenwirbelsäule, Solarplexus
Ausstrahlung: Nabel- und Magenbereich, Körpermitte
Natürliche Kraftfarben: rosafarben, mit lichtgrünem Schimmer

Nervengeflecht: Sonnengeflecht
Drüsen: Bauchspeicheldrüse
Energie: Gefühlskraft, Wunschkraft, persönliche Neigungen; Mitgefühl, Empfindungsfähigkeit, Sehnsucht; Bewusstsein von Dualität und Drang, sie zu transzendieren

4. Chakra: Herzzentrum
Lageentsprechung: Brustwirbelsäule, Brustmitte
Ausstrahlung: Dammbereich, Beckenboden
Natürliche Kraftfarben: rotgold, goldgelb (!)
Nervengeflecht: Herzgeflecht
Drüsen: Thymusdrüse
Energie: überpersönliche Liebeskraft, weise bzw. religiöse oder spirituelle Liebe, Wärme, Frieden; ganzheitliches Bewusstsein, Seelenverbindung; echter Selbstwert

5. Chakra: Hals- bzw. Kehlkopfzentrum
Lageentsprechung: Halswirbelsäule, Adamsapfel
Ausstrahlung: Kehlkopf, Sprechzentrum
Natürliche Kraftfarben: silbergrau „rauchig“, türkis oder u.U. auch zart purpur
Nervengeflecht: Halsgeflecht
Drüsen: Schilddrüse, auch Nebenschilddrüsen
Energie: Mentalkräfte, Vorstellungs- und Gestaltungskraft, Fähigkeit zu Unterscheidung und Konzentration; persönliches Ichbewusstsein, Individualität, persönliches Verantwortungsbewusstsein; intellektuelle Aktivität, Wissensdrang, Inspiration, Ideale

6. Chakra: Stirnzentrum, Zentrum des 3. Auges

Lageentsprechung: Kopfmitte, Hirnanhangdrüse
Ausstrahlung: 3. Auge, vor und hinter der Stirnmitte
Natürliche Kraftfarben: blauviolett (indigo), auch rosa-gelb!
Nervengeflecht: Stammhirngeflecht
Drüsen: Hypophyse (Hirnanhangdrüse)
Energie: Seeleenergie, geistige Strahlkraft, Erkenntnis des Lebenssinns; All-Liebe, Weisheit, Bewusstwerdung von Einheit

7. Chakra: Scheitelzentrum, Kronenzentrum

Lageentsprechung: Oberer, himmelwärts gewandter Teil des Kopfes
Ausstrahlung: Mittelhirn
Natürliche Kraftfarben: weiß, das alle Farben spiegelt; gold; zart violett
Nervengeflecht: Großhirngeflecht
Drüsen: Epiphyse (Zirbeldrüse)
Energie: schöpferischer geistiger Wille, geistige und spirituelle Energien; Öffnung für das kosmische Bewusstsein, verwirklichte Spiritualität

Diese Entsprechungen stützen sich auch auf die jahrzehntelange Forschungsarbeit von Anneliese Harf, der leider schon verstorbenen wunderbaren Yogalehrerin, Gründerin des Münchner Yogazentrums und langjährigen Mitarbeiterin im Vorstand des Berufsverbands Deutscher Yogalehrer (BDY), wie sie sie in ihrem vergriffenen Buch „Yoga: Weg zur Harmonie“ zusammen mit dem Koautor niedergelegt hat.

Fühlen Sie sich eingeladen, auszuprobieren, wie die Arbeit mit den „natürlichen Kraftfarben“ an den entsprechenden Chakras für Sie wirkt. Dazu können Sie sich einfach entspannt und meditativ hinsetzen, und sich vorstellen, dass zugehörigen Farben von ihrem Chakra aus sich sanft überall im Körper ausbreiten. Es hat sich bewährt, bei den Chakras von unten nach oben zu gehen.

Farben und Runen

Runen raunen rechten Rat

Runen sind die ältesten Schriftzeichen der Germanen. Zeugnisse aus der Zeit zwischen dem 2. und dem 12. Jahrhundert zeigen Runeninschriften auf Gegenständen und Denkmälern aus Stein in Form von Einritzungen und Gravuren. Die Verbreitung scheint vom südlichen Skandinavien ausgegangen zu sein und sich im Wesentlichen auf Engeland und das heutige nördliche Deutschland sowie Holland erstreckt zu haben. Die sogenannte Christianisierung Nordeuropas brachte den quasi erzwungenen Wechsel zur lateinischen Schrift mit sich. In Mitteleuropa verwendete man Runen praktisch nur bis zum 700 n. Chr., in England immerhin bis zum 10. Jahrhundert. Nur in Skandinavien hielt sich die Runenschrift länger, in einzelnen Regionen sogar bis zum Ende des 19. Jahrhunderts. Der Großteil der über 5.000 Runeninschriften, die noch erhalten sind, stammt aus dem Skandinavien der Wikinger. Die älteste Inschrift ist der Name *harja* auf einem Kamm, der auf etwa 150 bis 200 n.Chr. datiert wird. Ob auf anderen, noch älteren Inschriften Vorstufen von Runen zu sehen sind oder nicht, ist umstritten. Eine eiserne Speerspitze aus Norwegen aus der Zeit um 200 n.Chr. trägt eine Art von Beschwörung, nämlich *raunijar,* was sich mit „Herausforderer" übertragen lässt.

Es gibt zwei Runenreihen, das „ältere Futhark" und das „jüngere Futhark". Diese beiden Runenalphabete heißen so nach den ersten sechs Buchstaben. Das ältere Futhark bestand wohl aus 24 Zeichen, das jüngere, auch angelsächsische genannt, aus 33. Ein parallel entwickeltes nordisches jüngeres Futhark bestand aus 16 Buchstaben oder Runen. Aber auch 18, 19 oder andere Zahlen werden manchmal genannt. Jeder Buchstabe entspricht einem Laut. Darüber hinaus trägt jeder Runenbuchstabe einen besonderen Namen, das mit dem entsprechenden laut beginnt. So wurde die Rune *f* (ᚠ) auch *Fehu* genannt, ein Wort, das Vieh bezeichnete, aber auch beweglichen Besitz und Reichtum. Der Schöpfer der gotischen Schriftsprache, Wulfila, übertrug, wie manche Forscher meinen, im 4. Jahrhundert n. Chr. die Runenschrift in die gotische Schrift. Die *Thorn*-Rune (ᚦ) ist wohl das Vorbild für den englischen *th*-Laut gewesen. In Skandinavien blieben die Runen bis ins 19. Jahrhundert neben der lateinischen Schriftsprache im Gebrauch durch genügend Menschen, das wir noch heute davon wissen. Grund ist vielleicht die Wertschätzung für die alte vorchristliche Mythologie und Überlieferungen, wie die Edda, den großen nordischen Epos.

Das Wort *Rune* bedeutet eigentlich „Geheimnis", „geheime Beratung" oder auch „Geflüster" und kommt aus dem Althochdeutschen. Der Name jeder Rune weist auf ihre magische Bedeutung hin. Runen waren wichtig auf Schmuckstücken, als Schutzsymbole und als Orakel. Runen wurden in Holz, Knochen und Metall eingeritzt. Die Schriftzeichen dienten auch dazu, um die Namen von Kriegern mitzuteilen, geheime Zauberformeln zu verfassen oder Teile von Liedern oder Beschwörungssprüchen auf Waffen oder Werkzeuge zu ritzen. Auch auf Grabsteine findet man Runen, die an die Toten erinnern. Wenn man Runen als Orakel verwendet, so wird meistens empfohlen, sollte so spontan und intuitiv oder instinktiv wie möglich erfolgen.

Runen und Farben

Es gibt eine Reihe unterschiedlicher, von einander deutlich abweichender Runenüberlieferungen, deren Namen nicht identisch sind, deren Gesamtzahl nicht mit anderen Überlieferungen übereinstimmt und so fort. Deshalb stellen wir

Ihnen in diesem Buch zwei Entsprechungen von Runen und Farben vor, die in sich selbst zwar stimmig sind, aber nicht den Anspruch erheben, die einzige oder gar letztgültige Aussage zu Runen und der Entsprechung von Farben zu Runen darzustellen. Wer bisher noch nicht mit Runen arbeitet, sollte sich vermutlich erst einmal eingehender damit beschäftigen, es sei denn, dass er oder sie ganz intuitiv vorgehen möchte. Die Farbzuordnungen hier sind eine Hilfe für Menschen, die mit Runen arbeiten und hoffentlich auch ein Ansporn für Menschen, die damit künftig arbeiten wollen.

Die Autorin hat aus der geistigen Welt Hinweise zur Entsprechung von Farben zu einer bestimmten Runen-Reihe erhalten, die sinnvoll sind, wenn man mit Runen in der spirituellen Entwicklung, zu Orakelzwecken oder auch zur Heilung arbeitet. Die Farben dienen hier also in erster Linie jenen Menschen, die ohnehin schon mit Runen auf die eine oder andere Weise arbeiten, und nun die Kraft der Farben zur Verstärkung und Klärung noch ergänzend einbeziehen möchten.

Runenbuchstabe		Runenname		Runenfarbe
1 ᚠ	FA	Vater	=	Grün
2 ᚢ	UR	Urquell	=	Magenta
3 ᚦ	DORN	Kraft	=	Rot
4 ᚨ	AS	Sprache	=	Blau
5 ᚱ	RIT	Ritter	=	Purpur
6 ᚲ	KAN	Potenz	=	Scharlach
7 ᚺ	HAGAL	Kristall	=	Orange
8 ᚾ	NOT	Not	=	Indigo
9 ᛁ	IS	Wille	=	Lemon
10 ᛃ	AR	Adler	=	Türkis
11 ᛋ	SIG	Sieg	=	Gelb
12 ᛏ	TYR	Speer	=	Violett

13 ᛒ	BAR	Mutter	=	Weiss
14 ᛚ	LAF	Leben	=	Schwarz
15 ᛗ	MAN	Mensch	=	Braun
16 ᛦ	YR	Verführung	=	Grau
17 ᛖ	EH	Gesetz	=	Perlmutt
18 ᛟ	ODIL	Gral	=	Gold

Eine ganz andere und hoch interessante Beziehung zwischen Runen und Farben verdanken wir Katharina LinhART, einer österreichischen Schamanin und Energethikerin, die uns freundlicherweise den Abdruck der folgenden Zuordnungen gestattet hat*. Sie baut auf einer anderen Runenreihe auf und schreibt als Einleitung dazu:

> *Die Runen sind eine alte Alphabet-Schrift, in der jeder einzelne Buchstabe sowohl einen bedeutungsvollen Namen als auch einen bedeutsamen Klang trägt. Sie fanden in der Poesie, in Inschriften und Weissagungen Anwendung, entwickelten sich jedoch nie zu einer gesprochenen Sprache. Die Runen lagen über 300 Jahre lang brach. Zuletzt waren sie im Spätmittelalter in Island in Gebrauch. Mit den Runenmeistern starb auch deren Weisheit aus und nichts ist geblieben als die Sagas, wie weit verstreute Fragmente runischen Saatgutes, und die Runen selbst.*

* Kontakt: Katharina LinhART, Wienergasse 2, A 2380 Perchtoldsdorf, Tel. +43-(0)664-3851238; E-Mail: katharina@wirkendekraft.at; Webseite: www.wirkendekraft.at

ᚠ FEHU, FAHU, FEOH, FE, FEHU, FEU, FAIHU

Traditionell ist die Bedeutung von Fehu „Rinder“. Die Form der Rune erinnert an die Hörner eines gehörnten Tieres oder an den Raben Odins. In den damaligen nördlichen indoeuropäischen Kulturen war das Vieh ein wesentlicher Bestandteil und Zahlungsmittel des Lebens. Das ist die Rune der Erfüllung, Aufmerksamkeit und Wachsamkeit.

Korrespondierende Aura Soma Flasche:
EB 68 „Gabriel“, Blau über Violett;
Grundthema: Friede und spiritueller Durchblick.

ᚢ UR, URUZ, URUR, URUS, URAZ

Ur bezeichnet den Auerochsen, ein wildes Rind, das heute ausgestorben ist. Der Ur ist nicht mit den heutigen Rindern verwandt. Er war wesentlich größer mit einer Schulterhöhe von bis zu 6 Fuß und er war unzähmbar. Die Rune selbst stellt die Hörner des Urs dar und kann als Tor zur Unterwelt gesehen werden. In Übergangsriten töteten junge Männer den Ur, um ihre Männlichkeit zu beweisen. Die Trophäen waren im zeremoniellen Trinken von Bedeutung. Ur kann auch als Hinweis auf den so genannten Urdbrunnen gesehen werden. Der *Urdbrunnen* verleiht Gesundheit, Leben und Einfachheit und offenbart das wesentliche Selbst.

Ur als Vorsilbe im Deutschen weist auf hohes Alter hin. Das ist die Rune der Kraft, Männlichkeit und Weiblichkeit, der Beendigung und des Neubeginns und des Durchgangs.

Korrespondierende Aura Soma Flasche:
EB 69 „Klingende Glocke“; Magenta über Klar
Grundthema: Die Kraft der Liebe

ᚦ **THURISAZ**, THORN, THOM, THURIS, THURISAR, THURS, THAURIS, THYTH

Dornenbüsche und Hecken schaffen Trennung, Einschränkung, Schutz und Abgrenzung. Dornen selbst sind ein natürlicher Schutz der Pflanzen, ihre Früchte zu schützen. Thor oder Donar war eine landwirtschaftliche Gottheit, die Felder fruchtbar machte, Riesen vertrieb und für Recht und Ordnung sorgte. Diese Rune ruft auf zum Loslassen des Alten und zur Konfrontation mit dem eigenen Spiegelbild.

Korrespondierende Aura Soma Flasche:
EB 70 „Eine Vision von Pracht"; Gelb über Klar
Grundthema: Größere Klarheit gewinnen

ᚨ **ANSUZ**, AS, OS, OSS, OS, ASUR, AZA

Ansuz hat mit dem Göttergeschlecht der Asen zu tun. Altisländisch Oss hat 3 Bedeutungen: Die Asen, die 1 auf dem Würfel (das As im Kartenspiel) und die Höhe eines Berges. Ansuz wird auch mit dem stützenden Pfeiler in Verbindung gebracht, der in früheren Zeiten die Zeltstange war und symbolisch die Welteneibe darstellte. Eine weitere Bedeutung ist die Sprache. Sie bezieht sich auf die Kommunikation, Atem, Worte und auf den Wind. Diese Rune ist ein Aufruf zur Erforschung der eigenen Tiefen und das Schlüsselwort ist hier „empfangen".

Korrespondierende Aura Soma Flasche:
EB 71 „Das Juwel im Lotos"; Rosa über Klar
Grundthema: Selbstakzeptanz

ᚱ **RAIDO,** RAD, RAT, REIDA, REDA

Diese Rune bezieht sich im Wesentlichen auf das Reiten, Reisen und das Abenteuer der Suche. Das Rad als Kreis ist eine versteckte Symbolik hinter dieser Rune. Jahreskreis und Kreis des Rades sind dabei verknüpfte Elemente. Allerdings sind bei Raido eher Begriffe wie Harmonie, Ordnung und Ritual im Vordergrund.

Diese Rune spricht von Kommunikation, Einigung, Versöhnung hin zur Reise der Seele in Richtung Selbstveränderung, Selbstheilung und Einheit

Korrespondierende Aura Soma Flasche:
EB 72 „Der Clown"; Blau über Orange
Grundthema: Den „traurigen Clown" befreien

ᚲ **KAUNAZ,** KENAZ, KANO, KEIN, CEN, KEN, KAUN, KAUNA, CHAON, KUSMA,CHOZMA

Diese Rune bezieht sich sehr stark auf das Feuer, allerdings nicht auf das Urfeuer oder die solare Flamme. Vielmehr zeigt sie den menschlichen Ausdruck des Feuers. Einerseits die Fackel und andererseits Krankheit und Tod. Dies ist die Rune der Öffnung, der neuen Klarheit und der Vertreibung der Dunkelheit. Sie ruft zum freudigen Aufgeben des Alten auf um das Neue zur rechten Zeit zu erleuchten.

Korrespondierende Aura Soma Flasche:
EB 73 „Chang Tsu"; Gold über Klar
Grundthema: Vermitteln tiefer Einsichten

GEBO, GIFO, GYFU, GIBA, GEUUA

Gebo bedeutet im Althochdeutschen „geben". Allerdings tauchen im Indoeuropäischen immer beide Aspekte auf: Geben und Nehmen

Die Rune zeigt das Mal-Kreuz und steht auch für Mehrung. Diese Rune ist das Zeichen dafür, dass Einigkeit, Vereinigung oder Partnerschaft nahe ist. Es ist wichtig genügend Raum zwischen sich zu lassen, damit „die Winde des Himmels" zwischen ihnen tanzen können.

Korrespondierende Aura Soma Flasche:
EB 74 „Der Triumph"; Hellgelb über Hellgrün
Grundthema: Klarheit in schwierige emotionale Situationen bringen

WYN, WYNNE, WUNNA, WUNNO, WENNE, WINJA, UUINNE

Wunjo ist eine Rune der Freude und des Glückes. Der Begriff Wonne geht darauf zurück. Wunjo stellt ein Paar in sexueller Vereinigung dar. (Er als Erde und sie über ihn gebeugt; dabei ist die Rune um 90° gedreht vorzustellen!) Ein weiteres Sinnbild kann die Kornähre sein. Die Rune ist der fruchttragende Zweig. Neue Klarheit ist da, um bestehende Pläne, Zielsetzungen oder Wünsche aufzugeben, denn Wunjo ist die Rune der Wiederherstellung der harmonischen Verbindung des begrenzten Ichs mit dem höheren Selbst.

Korrespondierende Aura Soma Flasche:
EB 75 „Mit dem Fluss gehen"; Magenta über Türkis
Grundthema: Mit dem Fluss gehen

HAGALAZ, HAEGL, HAGL, HAAL

Hagalaz ist eine Winterrune. Die Winter war und ist eine Jahreszeit des Schlafes, der Dunkelheit und des Schnees. Kriege und andere Aktivitäten im Freien mussten unterbrochen werden. Reisen waren unmöglich. Die Kälte des Winters reinigt und heilt, aber nicht sanft.
Eine andere Form dieser Rune erinnert an den Schneekristall.

Veränderung, Freiheit, Erfindung und Behutsamkeit sind Attribute dieser Rune. Das ist die Rune der radikalen Unterbrechung- das Universum und Ihre Seele verlangen von Ihnen, dass Sie wirklich weiter wachsen.

Korrespondierende Aura Soma Flasche:
EB 76 „Vertrauen“; Rosa über Gold
Grundthema: Durch Selbstliebe an das eigene Potenzial gelangen

NAUTHIZ, NOT, NYD, NAUTHZ, NOICZ

Nauthiz ist eine Binde- und Löserune, des Zusammenkommens und des Trennens. Der Knoten, so eine Lesart dieses Zeichens, führt zum Netz, das geknüpft wird. Das Netz der Nornen wird in diesen Knoten gewoben. Die Form der Rune kann auch als Feuerbohrer interpretiert werden und weist auf die in früheren Zeiten lebensnotwendige Funktion dieses Werkzeuges zum Überleben und zur Feuergewinnung hin. Es ist die Rolle von Nauthiz unsere Verschattungen aufzuzeigen. Wenn Sie Nauthiz mit einem Lächeln begegnen können, dann werden Sie die Schwierigkeiten, Zurückweisungen und Rückschläge in Ihrem Leben als Ihre Wegweiser, Lehrmeister und Entwicklungshelfer erkennen.

Korrespondierende Aura Soma Flasche:
EB 77 „Der Kelch“; Klar über Magenta
Grundthema: Die Kraft des Lichts wird zur Lebenskraft

ᛁ **IS,** ISA, ISAR, ISS, IIZ, EIS

Isas wesentliche Bedeutung ist das Stadium des Einfrierens jeglicher Bewegung und Entwicklung. Eine weitere Bedeutung ist das Ich, welches aus eingefrorenen Bildern bestehend, die Manifestation der Identität darstellt. Das Bild von Isa ist der Eiszapfen. Das ist die Phase der Passivität, die einer Wiedergeburt vorausgeht und versuchen Sie herauszufinden, was es ist, woran Sie festhalten und lassen Sie es los.

Korrespondierende Aura Soma Flasche:
EB 78 „Spirituelle Erste Hilfe“; Violett über Tiefmagenta
Grundthema: Die volle Kraft von oben kommt auf die Erde, um der Menschheit zu helfen.

ᛃ **JERA,** GER, AR, JARA, JER, GAAR

Jera ist eine landwirtschaftliche Rune und ist einerseits eine Glyphe für die Abgrenzung des Feldes und das Bild des Samens, der aus der Erde hervor sprießt. Außerdem ist sie eine solare Rune und spiegelt den Zyklus des Jahres wieder sowie Tod und Wiedergeburt. Die Rune des guten Gelingens bezieht sich auf jede Aktivität oder Bemühung. Schnelle Resultate sind nicht zu erwarten, arbeiten Sie jedoch weiter in der Gewissheit, dass das Gelingen in den Händen der Vorsehung liegt. Geduld ist wesentlich!

Korrespondierende Aura Soma Flasche:
EB 79 „Die Vogel Strauß-Flasche“; Orange über Violett
Grundthema: Spiritueller Schock

EIWAZ, EOH, EYZ, EGEIS

Die Eibe wird mehrere Jahrhundert alt und ihr Holz wurde bis ins Mittelalter zur Herstellung von Bögen verwendet. Aus dem Gift der Eibe wurde Pfeilgift hergestellt. Die Eibe ist immergrün. Ihr Holz wurde gerne für Runenstäbe oder Amulette gebraucht. Die Mysterien der Eibe sind die Trancen des Todes, des Wahnsinns, der Verwirrung und der inspirierenden Verrücktheit, das Reich der Narren. Das Urbild der Rune ist der Bogen. Es scheint eine Blockade auf Ihrem Weg zu geben, aber auch eine Verzögerung wird nützlich sein. Keine Hektik, kein Tun oder Gieren nach einem gewünschten Resultat ist nötig; Geduld heißt der Rat.

Korrespondierende Aura Soma Flasche:
EB 80 „Artemis“; Rot über Rosa
Grundthema: Das Erwachen für die Kraft der Liebe

PEORD, PERTH, PAIRTHA, PETRA

Steinzeitlich wurde die Rune mit eckigen Spiralen gezeichnet. Sie ist das Zeichen für Tod und Wiedergeburt und ist der Göttin Perchta geweiht. Die beiden Spiralen werden zu Ostern und zum 1. Mai getanzt und symbolisieren den Lebenslauf und den Sonnenlauf.

Auch der Perchtenlauf in Kärnten (Winteraustreiben) hat seinen Ursprung in der Tod/Wiedergeburt Theorie. Tiefe, innere, transformierende Kräfte sind hier am Wirken- der alte Weg hat sein Ende gefunden. Bleiben Sie in Ihrer Mitte und bewahren Sie sich Geduld, Ausdauer und Durchhaltevermögen.

Korrespondierende Aura Soma Flasche:
EB 81 „All-Liebe“; Rosa über Rosa
Grundthema: Sich selbst akzeptieren

ALGIZ, YR, YBE , IWA, EOHL, ALGIR, ALGA, EZEC

Der Elch gab dieser Rune den Namen, der als Lebensraum den Sumpf und das Marschland hat. Der Schilf der im Sumpf wächst kehrt wie Algiz die Ordnung um. Elchried ist eine Schilfart, dessen Blätter sehr scharf sind. Die Runenform sieht auch einem Krähenfuss sehr ähnlich. Hier geht es um die Kontrolle der Emotionen. Versuchen Sie nicht den Schleier herunterzuziehen und dem Leben zu entfliehen durch Verleugnung dessen, was geschieht.

Korrespondierende Aura Soma Flasche:
EB 82 „Calypso“; Grün über Orange
Grundthema: Tiefe emotionale Schocks überwinden

SOWELU, SIGEL, SOL, SOWILO, SOL, SAUIL, SUGIOL

Sowelu ist eine Sonnenrune und symbolisiert sämtliche Aspekte, die mit der Sonne in Verbindung gebracht werden. Ein weiterer Aspekt ist der Blitz, der sehr gut durch die Form der Rune symbolisiert ist- der das göttliche Feuer darstellt, das vom Himmel fällt.

Diese Rune steht für Ganzheit, denn sie verkörpert den Impuls zur Selbsterkenntnis und zeigt den Weg aus dem Kern Ihrer Individualität.

Korrespondierende Aura Soma Flasche:
EB 83 „Sesam öffne dich“; Türkis über Gold
Grundthema: Alter Wein in neuen Schläuchen

ᛏ **TEIWAZ,** TIR, TYR, TIU, TIWAR, TYR, TEIWS, TYZ, TIWAZ

Symbolisch steht Teiwaz für den Pfeil oder den Speer und den Krieg. Der Tir-Stern wird mit dem Polarstern identifiziert- der „Notnagel“, der die Welten an ihrem Platz hält und um den sich der Himmel dreht. Die Charakterbildung steht auf dem Plan, wenn Teiwaz vor Ihnen liegt. Sie werden gerufen nach innen zu blicken, hinunter zu tauchen zu den Fundamenten Ihres Lebens.

Kommt die Rune Teiwaz auf eine Problematik romantischer Art, dann zeigt Ihnen die Rune, dass diese Beziehung sowohl an der Zeit als auch vorgesehen ist.

Korrespondierende Aura Soma Flasche:
EB 84 „Die Kerze im Wind“; Rosa über Rot
Grundthema: Erweckt die wirklich Kraft der Liebe

ᛒ **BERKANA,** BRICA, BEORC, BEORK, BJARKAN, BRICA, BERCANA, BAIRKAN, BERCNA

Berkana ist eine der Baumrunen im Futhark. Sie ist die Rune der Birke. Die Birke war einer der ersten Bäume, die nach der Eiszeit wieder auftauchten. Das Runenzeichen selbst symbolisiert zwei Brüste, was ebenso auf die Fruchtbarkeitssymbolik des Baumes hindeutet. Genauso gut könnte die Rune auch Berge darstellen oder Wellen. Diese Rune führt zur Blüte und zur Reife. Ihr Wollen muss klar und kontrolliert sein um den Widerstand zu zerstreuen. Bescheidenheit, Geduld, Fairness und Großzügigkeit werden verlangt.

Korrespondierende Aura Soma Flasche:
EB 85 „Titania“; Türkis über Klar
Grundthema: Ausdruck unterdrückter Gefühle

EHWAZ, EH, EOH, EGEIS, EYZ

Die Bedeutung der Rune hat einerseits etwas mit Partnerschaft zu tun, und andererseits etwas mit Lebenskraft und Lebensspanne.

Das Pferd (= Bild der Rune) als Partner des Menschen wird im Runengedicht angesprochen. Ehwaz ist eine Rune des Übergangs und der Bewegung; auch im Sinne von Verbesserung einer Situation. Es gibt keine verpassten Gelegenheiten, wir müssen nur erkennen, dass nicht alle Gelegenheiten für uns bestimmt sind- was Ihnen zusteht, wird zu Ihnen kommen!

Korrespondierende Aura Soma Flasche:
EB 86 „Oberon“; Klar über Türkis
Grundthema: Klarheit ins Herzensangelegenheiten bringen

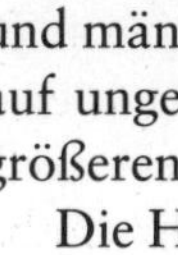

MANNAZ, MAN, MANNAR, MANNA

Das Bild der Rune ist die Doppelaxt oder auch zwei Mondsicheln (auch Symbol der Anderwelt). Diese Rune ist die Rune der Menschen, nämlich weiblich und männlich. Trachten Sie danach, das gewöhnliche Leben auf ungewöhnliche Weise zu leben, denn dies ist eine Zeit größeren Wachstums und weiterer Verbesserung.

Die Herausforderung bezieht sich auf den Bruch mit den alten Gewohnheiten!

Korrespondierende Aura Soma Flasche:
EB 87 „Die Weisheit der Liebe“; Koralle über Koralle
Grundthema: Unerwiderte Liebe

LAGUZ, LAGU, LAUKAZ, LAGUR, LÖGR, LAAZ, LAGUS

Laguz ist die Rune des Wassers. Übersetzt bedeutet sie See, Gewässer oder Meer. Während Laguz eher stehendes Gewässer meint, deutet Laukaz eher auf fließende Gewässer hin. (Laukaz ist eher mit guten Gesetzen und Regeln verbunden.) Die Attribute dieser Rune sind Wasser, Flüssigsein, Ebbe und Flut der Gezeiten und Emotionen, Karrieren und Beziehungen. Die Rune zeigt oft eine Zeit der Läuterung, der Neubesinnung und Neuordnung an.

Korrespondierende Aura Soma Flasche:
EB 88 „Der Jade-Herrscher"; Grün über Blau
Grundthema: Liebe zur Natur

INGUZ, INGWAZ, ING, IGGWS, ENGUZ

Inguz ist eine Rune der Fruchtbarkeit und des Herdfeuers. Sie steht mit den Fruchtbarkeitsgöttinnen Ingwi (Agni) und Freyr in Verbindung. Die Vollendung des Begonnenen ist es- die Lösung aus der ein neuer Anfang kommt. Inguz zeigt das Herauswachsen aus einem engen Verpuppungsstadium.

Korrespondierende Aura Soma Flasche:
EB 89 „Energie-Rescue"; Rot über Tiefmagenta
Grundthema: Heilungsenergien erlangen

DAGAZ, DAG, DAEG, DAGS, DAAZ

Dagaz bedeutet Tag, wobei „Tag" auch die dazugehörige Nacht meint. Der keltogermanische Tag begann bei Sonnenuntergang. Die Form der Rune verdeutlicht die Polaritäten, ebenso wie die Doppelaxt der

Megalithkulturen und der Indoeuropäer. Die Form kann auch als Schmetterling interpretiert werden und weist auf Transformation hin. Sie zeigt einen größeren Durchbruch und Schub im Prozess der Selbstveränderung an- eine völlige Transformation in Ihrer Einstellung. Eine größere Phase von Gelingen und Blühen wird eingeleitet.

Korrespondierende Aura Soma Flasche:
EB 90 „Weisheits-Rescue“; Gold über Tiefmagenta
Grundthema: Mit der eigenen Verwirrung Freundschaft schließen

ᛟ

OTHILA, OTHALA, OTHIL, ETHEL, OTHAL, URAL

Othila deutet auf vererbtes und natürliches Ahnen hin. Damit sind sehr ferne Zeiträume angesprochen. Es werden Völkerwanderungen, alte Inselkulturen oder das frühe Paläolithikum damit beschrieben. Das ist die Zeit, da sich die Wege trennen: Die alte Haut muss abgeworfen werden, überholte Beziehungen abgelegt. Die geforderte Trennung mag Ihnen die Freiheit bringen, wirklicher das zu werden, was Sie eigentlich sind.

Nicht Starrheit, sondern Fluss ist die richtige Einstellung!

Korrespondierende Aura Soma Flasche:
EB 91 „Die weibliche Führerschaft“; Oliv über Oliv
Grundthema: Weibliche Führungsqualitäten entwickeln.

Katharina LinhART bietet Kurse und Einzelberatungen zur Arbeit mit den Runen an und kombiniert dabei die unterschiedlichsten energetischen Methoden, wie Aura Soma, Numerologie, das Tarot und die Kabbala, die alle untereinander in Bezug zueinander stehen.

Farben und Bachblütengruppen

Erst durch Licht entsteht Leben und dieses Licht bleibt auch in den Lebewesen erhalten. Je mehr Lichtanteile eine Zelle besitzt, desto gesünder ist der Mensch. Durch die Brechung von vollständigem, „ganzen" und „gesundem" Licht entsteht Farbe hier in der Materie. Erst durch das Licht können Pflanzen die heilenden und schöpferischen Energien aus Sonne und Kosmos aufnehmen, umwandeln und weitergeben – zum Beispiel in Form von Bachblüten-Heilmitteln nach der Sonnentau- bzw. Sonnenscheinmethode.

Theo Gimbel, der deutsch-englische Farbforscher, dessen Vater noch mit Rudolf Steiner zusammengearbeitet hatte, führte im ZDF erstaunliche Experimente mit farbigem Licht und Pflanzen vor. Wenn Kresse von der Sonne beschienen wurde, entwickelte sie sich normal. Wenn sie mit rotem Licht bestrahlt wurde, wuchs sie schneller, verlor aber rasch an Kraft und schmeckte ausgelaugt. Wenn diese Kresse mit blauem Licht bestrahlt wurde, wuchs sie zwar langsamer, blieb aber kräftig und schmeckt intensiver. Unter grünem Licht lösten sich die Kressepflanzen auf. Pflanzen, Licht und Farbe stehen also in einem sehr engen Zusammenhang.

Die Zusammenhänge zwischen Bachblüten und Farbtherapie hatten mich von Anfang an sehr stark interessiert. Ich sagte mir, wenn es Wellenlängen oder Schwingungen gibt, die Farben besitzen, so müsste so etwas doch auch bei den Bachblüten bestehen. So wie wir Menschen andere bei der ersten Begegnung und auf Anhieb aus einem unbestimmten Grund leiden können oder nicht, was offensichtlich auf eine unsichtbare Schwingung und Ausstrahlung zurückgeht, so musste es auch eine Ausstrahlung von Bachblüten zu Farben geben und umgekehrt. Meine Idee war, nach der

Schnittstelle zwischen Bachblüten und Farben zu suchen, wo sie von ihrer Schwingung her sich treffen, ergänzen und in ihren Wirkungen verstärken.

Beide Methoden – Bachblüten und Farbtherapie – sprechen den Menschen auf feinen Schwingungsebenen an und beide Therapien sind völlig natürlich und naturgewollt. Dr. Edward Bach, der Entdecker der Bachblüten, sagte einmal:

> *Die ... Pflicht des Arztes, des Behandlers wird es sein, mit solchen Mitteln zu behandeln, die dem physischen Körper helfen, Stärke zu erlangen und das Gemüt zu unterstützen, ruhig zu werden ... Solche Heilmittel gibt es in der Natur, einige wenige dieser Heilmittel sind bekannt, und mehr davon werden gegenwärtig in verschiedenen Teilen der Welt gesucht und erforscht. Es gibt keinen Zweifel, dass, wenn sich derartige Forschungen weiterentwickelt haben werden, wir viel von dem Wissen zurückgewinnen, das vor mehr als 2000 Jahren bekannt war – und der Heiler der Zukunft wird die wundervollen natürlichen Mittel zu seiner Verfügung haben, die nach dem göttlichen Willen für den Menschen geschaffen wurden, um ihn von seiner Krankheit zu erlösen.*

So durfte ich die nach einigen Jahren der Forschung auf die Zusammenhänge zwischen Bachblüten und Farben stoßen und die Heilblüten-Farbkarten entwickeln. Sie haben sich für die Diagnose in Naturheilkunde und psychologischer Beratung inzwischen gut bewährt. Damit lassen sich bei weniger kommunikativen Menschen und Kindern, die sich noch nicht so gut verbal ausdrücken können, rasch und zuverlässig die erforderlichen Bachblüten und Farbtherapieansätze ermitteln.

Dr. Edward Bach hatte bekanntlich sieben verschiedene Gemüts- oder Emotionszustände entdeckt, die unsere Harmonie im Körper stören. Diese sieben Gruppen sind von manchen Autoren leider vernachlässigt worden, obwohl sie die Grundlage der wunderbaren Erkenntnisse von Dr. Bach darstellten, wie er das selbst immer wieder betonte! In seinem Grundlagenbuch „Heal Thyself – Heile Dich selbst“ sagt Dr. Bach:

> *Die vorrangigen wahren Krankheiten des Menschen sind solche Mängel wie Stolz, Grausamkeit, Hass, Ich-Liebe, Unwissen, Unsicherheit und Habgier; und jeder dieser Mängel wird, wenn man darüber nachdenkt, als der Einheit entgegenstehend empfunden werden. Solche Mängel sind die wahren Krankheiten und die Beharrung in solchen Mängeln, nachdem wir das Stadium der Entwicklung erreicht haben, in dem wir sie als falsch erkennen können, was im Körper die schmerzhaften Ergebnisse herbeiführt, die wir als Krankheit kennen.*

Die positiven Kräfte der nachstehend aufgeführten sieben Gruppen von Ursachen und Persönlichkeitsmotiven für das Leben und damit für die Gesundheit gilt es als aktiv zu entwickeln. Vielleicht fragen Sie sich, wie Sie denn Zuversicht schöpfen oder Selbstbewusstsein entfalten sollen, wenn Sie akut oder chronisch unter besonderes schlimmen Bedrückungen, Schmerzen, Belastungen und vielem mehr leiden.

Auf der körperlichen Ebene stehen Ihnen die Bachblüten *und* die Farben zur Verfügung. Wir schaffen es dann, wenn wir vorher erkennen, welche Ursachen und welche emotionalen Umstände für die Krankheit zuständig sind und waren und an welchen Kräften es derzeit mangelt. Vor dem *Heile Dich selbst* steht also das berühmte *Erkenne Dich selbst*. „Mensch erkenne Dich selbst“ ist die wesentlichste

Herausforderung und der wichtigste Auftrag, der uns seit Menschengedenken als Schlüssel für ein erfülltes Leben übermittelt wird. Bekanntlich schmückte dieser Spruch den Orakeltempel von Delphi.

Welche Fragen wir auch stellen, welche Probleme wir auch lösen wollen – ohne Selbsterkenntnis ist eine umfassende Heilung nicht möglich. Deshalb hat es sich als so sinnvoll erwiesen, diese Antworten über die sieben Gruppen der Emotionen nach Dr. Edward Bach und mittels der passenden Farbe als leichteren Zugang in einem Test zu entwickeln.

Gruppe 1: Für diejenigen, die Angst haben
Gelbes Sonnenröschen, gefleckte Gauklerblume, Kirschpflaume, Zitterpappel, Rote Kastanie.

Entdecken Sie wieder Ihr Urvertrauen entdecken und entwickeln Sie Liebe, indem Sie sich auf das Wirken und Beschütztsein durch eine höhere Kraft einstellen.
Heilfarbe Gelb.
Heilgedanke: „Ich vertraue auf Gott."

Gruppe 2: Für diejenigen, die an Unsicherheit leiden
Bleiwurz, Einjähriger Knäuel. Bitterer Enzian, Stechginster, Hainbuche, Waldtrespe.

Stärken Sie Ihr Selbstbewusstsein und Ihr Selbstvertrauen stärken setzen Sie Ihre aktive Intelligenz ein.
Heilfarben Rot und Grün.
Heilgedanke: „Ich bin innerlich stark."

Gruppe 3: Für diejenigen, die ein ungenügendes Interesse für Gegenwartssituationen haben.
Weiße Waldrebe, Jelängerjelieber, Heckenrose, Olive, Weiße Kastanie, Ackersenf, Rosskastanienknospe.

Fördern Sie die aktive Teilnahme, notfalls mit Willensanstrengung.
Heilfarben Gelb und Türkis.
Heilgedanke: „Ich lebe."

Gruppe 4: Für diejenigen, die einsam sind.
Sumpfwasserfeder, drüsentragendes Springkraut, Heidekraut.

Öffnen Sie sich für das Eins-Sein mit dem Leben und die innere Harmonie.
Heilfarben Grün und Rot bzw. Rosa.
Heilgedanke: „Ich suche innen Harmonie."

Gruppe 5: Für diejenigen, die gegenüber Einflüssen und Ideen überempfindlich sind.
Odermennig, Tausenguldenkraut, Walnuss, Stechpalme.

Lernen Sie, auf Ihre eigene innere Stimme zu hören lernen Unterscheidungskraft zu entwickeln.
Heilfarben Blau und Orange.
Heilgedanke: „Ich lerne, auf meine eigene innere Stimme zu hören."

Gruppe 6: Für diejenigen, die unter Mutlosigkeit und Verzweiflung leiden
Lärche, Föhre, Ulme, Edelkastanie, Goldiger Milchstern, Weide, Eiche, Holzapfel (zur Reinigung & Entgiftung).

Stärken Sie Ihre Dankbarkeit, z.B. mit Hilfe von Gruppenaktivitäten und Zeremonien.
Heilfarben Orange und Violett.
Heilgedanke: „Kein Mensch ist je von der großen Schöpferkraft getrennt."

Gruppe 7: Für diejenigen, die um das Wohl anderer allzu besorgt sind

Wegwarte, Eisenkraut, Weinrebe, Rotbuche.

Entwickeln Sie Eigenverantwortung und eignen Sie sich konkretes Wissen an.
Heilfarbe Grün.
Heilgedanke: „Ich konzentriere mich auf meine eigenen Aufgaben."

Erste-Hilfe-Mittel

Heilfarben Magenta; Violett, Gold.
Heilgedanke: „Ich bitte um Hilfe und göttliche Führung."

Farben und Steine

Edle Steine bezaubern uns Menschen seit je her. Juwelen galten und gelten als Sinnbild nicht nur des größten irdischen Reichtums, sondern auch als Synonym für die wertvollsten seelisch-spirituellen Schätze.

„Das Juwel in der Lotosblüte" ist Symbol für die erweckte und erwachte Seele, die aus dem kosmischen Bewusstsein lebt. Der Stein der Weisen ist keineswegs nur der magische Zauber, mit dem sich aus dem schlichten Eisen das edle Gold gewinnen lässt, sondern Symbol für das ewige Leben.

In Edelsteinen, Kristallen, Halbedelsteinen, Quarzen, Sanden und Metallen hat sich die gesamte schöpferische Kraft aus Erde und Luft, aus Feuer und Wasser, aus planetarischer Energie, Sonnenlicht und kosmischer Strahlung wie in einem alchimistischen Schmelztiegel zu den wundersamsten Gebilden verdichtet.

Die verschiedenen Steine und Mineralien bringen einen jeweils ganz eigenen Aspekt in Herkunft und Wirkung, in Auswahl, Mischung und Charakter dieser mannigfachen Kräfte zum Ausdruck. Sie spiegeln auf der nur vermeintlich unbelebten Ebene fester Molekülstrukturen einen ganz bestimmten Aspekt der Schöpferkraft in verdichteter, und deshalb oft stark wirksamer Weise wider.

Das Wort „Stein" wird aus einem alten Begriff für „gefrorene Tropfen" abgeleitet. Edelsteine, Kristalle und Mineralien sind demnach Erscheinungsformen, die einmal flüssig waren, bevor sie nun in fester Form vor unseren Augen funkeln oder glänzen. Der Metaphysiker und Astrologe Johannes Vehlow schrieb einmal über Edelsteine und Kristalle:

> *Alles, was organisch gewachsen ist und mithin ein Achsensystem besitzt, kann kosmische Strahlen aufnehmen und weitergeben. Grade die Kristalle besitzen solche Achsensysteme in wunderbarster Regelmäßigkeit. ...*
> *Edle Steine als Empfänger und Spender kosmischen Lichtes, das ist mehr als ein Gedanke von Dichtern.*

Frauen sind besonders offen für edle Steine, Kristalle und Edelmetalle. Nicht vorrangig, weil sie sich als das „schönere Geschlecht" besser als Trägerinnen von Schmuck eignen mögen, sondern vor allem deshalb, weil Frauen sensibler, offener, feinfühliger, empfindsamer und intuitiver mit den feinen und oft hohen Schwingungen von edlen Steinen umgehen können.

Frauen haben oft ein ganz unmittelbares Gespür dafür, welcher Stein sich für welchen Zweck eignet, wie sie Energiearbeit mit Kristallen durchführen und mit welchen Edelsteinen sie heilen können. Dieses Buch berücksichtigt deshalb im Hauptteil besonders die Wünsche und Bedürfnisse von Frauen, die mehr darüber erfahren möchten, welche Wirkungen Edelsteine für sie haben können.

Jeder Stein hat eine eigene „Persönlichkeit", die sich aus Material, Form, Schliff bzw. Bearbeitung und so fort ergibt. Nicht jeder Stein passt zu jedem Menschen. Manche Steine verlieren ihren Glanz, wenn bestimmte Personen sie tragen, andere schwächen die Aura des Betreffenden, weil sie in sich gebrochen, unrein oder von den Schwingungen von Vorbesitzern aufgeladen sind.

„Es ist darum gar nicht so leicht, einen Stein zu finden, mit dem wir uns so anfreunden können und der so gut zu unserer eigenen Schwingung passt, dass er sozusagen ein Teil unseres Selbst wird. Dann, aber nur dann, ist auf eine 'magische' Hilfe durch Edelsteine im Sinne der Antike zu hoffen. Und schließlich kann der beste Stein nichts nützen, wenn der Träger körperlich, seelisch oder geistig krank oder zerrüttet ist." Das war noch einmal Johannes Vehlow. So ergeht es uns auch mit Kristallen und Edelsteinen. Nur dann, wenn wir bereits in uns eine Schwingung tragen, nur dann, wenn wir schon im Inneren für eine bestimmte Qualität offen sind, werden wir uns auch von einem Stein angesprochen oder angezogen fühlen, der die gleiche Qualität ausstrahlt.

Ein Kristall oder Metall oder Mineral kann für uns nichts „machen", was wir nicht potentiell in uns tragen oder zumindest suchen! Letztlich sind die irdischen Juwelen, die das Licht der Sonne spiegeln, im spirituellen Sinn Symbol des inneren Edelsteins, der das Kostbarste ist, was wir besitzen – besser: das wir sind: die Seele, welche das Licht Gottes spiegelt. Lassen wir die Beschäftigung mit den Wundern der edlen Steine und Kristalle zum Quell der Lebensfreude, der Harmonie und der Erinnerung an die höchste schöpferische Kraft werden, aus der wir alle leben!

Wir danken der Autorin Mag. Ursula Hebenstreit aus Klosterneuburg in Österreich ausdrücklich sehr für viele wertvolle Hinweise für diesen Abschnitt, die Sie uns aus Ihrem leider nicht mehr lieferbaren Buches „Edelsteine für Frauen" zur Verfügung gestellt hat. Die folgende Aufstellung bringt die 33 Kraftfarben alphabetisch, nicht nach den fünf Gruppen geordnet!

Apricot: Sarder

Der Sarder ist ein rotbrauner Karneol. Er gehört in die Gruppe der Chalcedone. Seine Fundorte sind Indien und die Vereinigten Staaten.

Der Sarder ist als Anhänger und Handschmeichler auf dem Markt erhältlich. Es empfiehlt sich, ihn regelmäßig in der Sonne aufzuladen und ihn unter fließendes Wasser zu halten.

Körperlich: Von manchen Heilern wird er für die bessere Wundheilung und zur besseren Blutbildung empfohlen.

Seelisch: Seine Schwingung soll Ihnen Kühnheit, Kraft und Selbstbeherrschung verleihen.

Die Schwingung des Sarders wirkt während Schwangerschaft und Geburt sehr unterstützend. Man sagt auch, dass der Sarder vor Beschwörungen und Hexerei beschützen soll.

Blau: Saphir

Der Saphir ist der Stein des „Seelenfriedens“. Man vergleicht ihn gern mit der Schönheit des Abendhimmels. Der Name kommt aus dem Sanskrit und bedeutet „dem Saturn zugehörig“. Seine Farben können sein: grau, schwarz, gelb, grün und farblos. Hauptfundorte sind Sri Lanka, Thailand, Indien, Australien und die Vereinigten Staaten.

Luftdruckschwankungen klären bzw. trüben den Stein, wodurch er zum Wetteranzeiger wird. Dunkle Flecken, die bisweilen sein klares Blau bis in fahles Aschgrau wandeln können, sind ein Warnsignal. Der Träger sollte dann auf die Gesundheit achten, denn möglicherweise zeigt der Stein nichts anderes an als die getrübte Strahlkraft seines Trägers. Der Saphir kann als Schmuck getragen oder aufgestellt werden.

Körperlich: Seine Schwingung hat Heilwirkung bei Herz- und Augenleiden, Nasenbluten und Vergiftungen. Er mildert Erregungszustände und lässt die Trägerin sympathisch erscheinen.

Seelisch: Die Schwingung des Saphirs kann sehr hilfreich sein bei spiritueller Verwirrung, Depressionen, Problemen mit der Konzentration oder wenn Sie die Kontrolle über Ihre momentane Situation verloren haben. Er fördert den klaren Verstand.

Die Schwingung des Saphirs bringt Sie mehr in Verbindung mit Ihrer persönlichen Wahrheit und hilft zu verstehen, welche Rolle Sie im Universum spielen sollen. Wenn Sie meditieren, kann der Saphir anregen und unterstützen, auch macht er Sie für intuitive Eingebungen aufnahmefähiger.

Braun: Rauchquarz

Der Rauchquarz gehört in die Gruppe der Bergkristalle. Seine Farbe geht von mittelbraun zu dunkelbraun; Hauptfundorte sind Brasilien, Schottland und Vereinigten Staaten sind.

Um eine noch bessere Wirkung zu erzielen, trägt man den Rauchquarz direkt am Körper, z.B. als Kette. Sollten Sie an Schmerzen leiden, so empfiehlt es sich, ihn auf die schmerzenden Stellen aufzulegen. Zur Pflege unter fließendes Wasser halten und gelegentlich an der Sonne aufladen.

Körperlich: Die Schwingung des Rauchquarzes soll Sie vor Strahleneinflüssen schützen (z.B. bei elektromagnetischen Feldern, Strahlentherapie, aber auch bei schädlichen Umwelteinflüssen). Er soll auch Ihre Nervensystem und Herz stärken.

Seelisch: Die Schwingung des Rauchquarzes hilft Ihnen, sich vor negativen Einflüssen zu schützen und sie gegebenenfalls zu neutralisieren. Sollten Sie unter Stress stehen, so hilft seine Schwingung, sich mehr zu entspannen und die Dinge gelassener zu nehmen.

Für Frauen bringt die Schwingung des Rauchquarzes mehr Lebensfreude und Lebensantrieb in Ihren Alltag. Sie erlaubt eine größere Belastbarkeit. Der Rauchquarz ist auch für Ihre tägliche Meditation geeignet.

Cream: Dolomit

Der Dolomit ist ein weißes, kremfarbenes, rötliches oder auch bräunliches Calcium-Magnesium-Carbonat. Er besitzt eine körnige Masse. Seine Hauptfundorte sind Österreich, die Schweiz und Brasilien.

Der Dolomit kann als Schmuck getragen oder im Zimmer aufgestellt werden. Zur Reinigung unter fließendes Wasser halten.

Körperlich: Die Schwingung des Dolomits löst Spannungen und Verkrampfungen. Er beruhigt Ihre Nerven und wirkt stabilisierend auf Ihr Nervensystem.

Seelisch: Die Schwingung des Dolomits fördert und stärkt Ihre Selbstverwirklichung. Gleichzeitig wirkt er ausgleichend und besänftigend.

Die Schwingung des Dolomits gibt Ihnen neuen Mut und Kraft, Ihre Selbstverwirklichung zu leben.

Frühlingsgrün: Prasem

Der Prasem ist ein lauchgrüner, durchscheinender Quarz, man nennt ihn auch Smaragdquarz. Seine Fundorte sind Deutschland, Finnland und Schottland.

Er eignet sich gut, um ihm direkt am Körper zu tragen. Sollten sie ihn für die Linderung von Schwellungen und Schmerzen verwenden, so empfehle ich Ihnen, ihn vorher ein wenig zu erwärmen.

Körperlich: Die Schwingung des Prasems soll nach der Hildegard-Medizin eine schmerzstillende Wirkung haben und fiebersenkend sein. Auch lindert und kühlt er Ihre Schmerzen und Schwellungen bei Sonnenstich, Sonnenbrand oder Hitzeschlag.

Seelisch: Die Schwingung des Prasems wirkt beruhigend für Menschen, die an Zorn- und Wutausbrüchen leiden und hektisch und nervös sind. Somit verlieren Sie nicht so leicht die Kontrolle über sich selbst.

Der Prasem hilft Ihnen, in Ihren Gefühlen ausgeglichener und in Ihren Urteilen neutraler zu werden. Sie gewinnen an Stabilität und an Bewusstheit.

Gelb: Bernstein

Der Bernstein ist bekanntlich kein Stein, sondern Harz von Nadelbäumen früherer Erdepochen. Er besitzt eine klare goldbraune Farbe, vergleichbar mit dunklem Honig. Bernstein wurde schon in der Steinzeit als Schmuck getragen und weithin exportiert. Seine Hauptfundorte sind Russland, Polen und die Dominikanische Republik.

Als Schmuck auf dem Markt erhältlich, er zählt zu den teureren Steinen. Reinigung unter fließendem Wasser, nicht ins Sonnenlicht legen. Direkt am Körper tragen. Achtung: Bernstein wird oft imitiert.

Körperlich: Bernstein ist bekannt als „Heilstein“. Er hat gute Auswirkungen auf das Gehirn, die Lungen, die Schilddrüse, die Milz, das Drüsensystem, das innere

Ohr. Seine Schwingung wirkt beruhigend und erdverbindend.

Seelisch: Der Bernstein bringt Sie auf den Boden der Tatsachen zurück und lässt Sie die Dinge realitätsbezogen sehen. Er macht es möglich, sich zu erden und die Probleme aus einer anderen Betrachtungsweise zu erleben.

Sie erkennen das Wesentliche in Ihrem Leben und lassen sich nicht mehr so leicht aus Ihrem Gleichgewicht bringen. Dadurch lernen Sie, selbstbewusster durchs Leben zu gehen.

Gold: Gold

Gold ist ein gelb-rotes, weiches Edelmetall. Es gilt als das edelste und „königlichste“ Metall. Hauptförderländer sind Südafrika, Kanada, USA und Australien und Russland.

Direkt am Körper tragen. Es eignet sich auch sehr gut als Schmuckstück. Ab und zu unter fließendes Wasser halten. Gold ist beständig gegenüber Luft und Säuren.

Körperlich: Die Schwingung des Goldes stabilisiert und harmonisiert Ihren Allgemeinzustand. Außerdem wirkt Gold sehr beruhigend. Sollten Sie an Schwellungen oder Blutergüssen leiden, so empfiehlt es sich, Gold direkt an der erkrankten Stelle aufzulegen.

Seelisch: Gold vermittelt Ihnen Sicherheit und Selbstwert.

Schon der Anblick von Gold kann Ihnen Selbstvertrauen und Schönheit vermitteln. Vielen Frauen bringt Gold, direkt auf der Haut getragen, das Gefühl, angenommen und anerkannt zu sein.

Grau: Calcit

Der Calcit ist ein häufig vorkommendes Mineral bzw. Kristall, der aus kalkhaltigen Lösungen entsteht. Es gibt ihn in den Farbtönungen weiß, grau, schwarz, grün, gelb, blau, braun und rot.

Als Steinessenz ist die Wirkung von Calcit besonders intensiv. Ansonsten direkt am Körper tragen.

Alternativ wäre auch an die Verwendung von Eisen zu denken.

Körperlich: Calcit reinigt und stärkt Organe, Knochen und Gelenke. Er hilft Ihnen zur Überwindung von Antriebslosigkeit. Stärkt Sie in Stresssituationen und bewahrt Sie vor Erschöpfung.

Seelisch: Seine Schwingung wirkt unterstützend, um an das Positive im Leben zu glauben. Er bestärkt Sie, Ihre Kreativität in die Tat umzusetzen.

Calcit schärft Ihre mentale Klarheit und unterstützt Ihr Gedächtnis; es macht Sie aufnahmefähiger für Informationen und hilft Ihnen, aus Problemen Chancen zu machen. Gibt Ihrem Kind, falls notwendig, eine Unterstützung für seine Entwicklung.

Grün: Smaragd

Der Smaragd ist eine grüne Berylliumverbindung. Je leuchtender und glänzender er strahlt, desto wertvoller ist er. Seine Hauptfundorte sind Südafrika, Australien, Brasilien, Ural und die Vereinigten Staaten.

Der Smaragd kann als Schmuck getragen oder aufgelegt oder für Ihre Meditation verwendet werden. Halten Sie ihn regelmäßig unter fließendes Wasser und legen Sie ihn in die Sonne. Auch als Edelstein-Essenz erhältlich.

Körperlich: Die Schwingung des Smaragdes verbessert Ihr Sehvermögen und beschleunigt den Heilungsprozess bei Entzündungen und Verbrennungen.

Seelisch: Der Smaragd ist ein Stein der Harmonie, Unschuld und Treue. Er verbessert Ihr Erinnerungsvermögen und Ihre mentale Kraft.

Die Schwingung des Smaragds wirkt beruhigend auf Ihr Unterbewusstsein und begünstigt Vorahnungen und Träume, schützt aber vor schweren Träumen. Er fördert Ihr spirituelles Wachstum.

Himmelblau: Aquamarin

Der Aquamarin ist ein wasserhell leuchtender Beryll mit meergrünem oder bläulichem Untergrund, ähnlich dem Smaragd. Er ist ein Stein mit einer sehr kräftigen Schwingung.

Der Aquamarin ist ein Stein mit einer sehr kräftigen Schwingung und eignet sich als Schmuck. Auch ist er sehr schön anzusehen, und deshalb in der Wohnung aufzustellen. Es ist ratsam, ihn an einen sonnigen Platz zu stellen. Am stärksten ist er in der lichtblauen Färbung. Alternativ kann man auch den hellblauen Coelestin verwenden.

Körperlich: Der Aquamarin vermittelt Ihnen Kraft, Dinge in Angriff zu nehmen. Er stärkt Ihre Herztätigkeit, wenn sie aufgrund von Emotionen und Gefühlen zu sehr angestrengt wurde. Seine Schwingung verleiht Ihnen Selbstvertrauen.

Seelisch: Der Aquamarin hat die Fähigkeit, Klarheit in Ihre Gedanken zu bringen. Er löst Verwirrungen auf und bringt Sie an die Ursache Ihres Problems. Er steigert die Empfänglichkeit für Eindrücke, bei medialen Menschen mit gut gestelltem Mond die Sensibilität. Auch ist er ein exzellenter Meditationsstein.

Farben-Test

nach Ingrid S. Kraaz von Rohr,
mit den Farben für körperliche,
seelische und spirituelle Harmonie.

Suchen Sie auf den nächsten vier Seiten die Farbe aus,
die Sie (gegenwärtig) am meisten mögen,
und dann die Farbe,
die Sie (jetzt) am wenigsten schätzen.
Lesen Sie im Buch unter den Farben nach,
welche Hinweise Sie bekommen.
Überlegen Sie eigenverantwortlich und selbständig,
wie Sie die Kraft Ihrer Lieblingsfarbe
am besten einsetzen
und wie Sie die Energie der Farbe,
die Ihnen am wenigsten zusagt,
dennoch aktiv nutzen können.

1
2
3
4
5
6
7
8

9
10
11
12
13
14
15
16

17
18
19
20
21
22
23
24

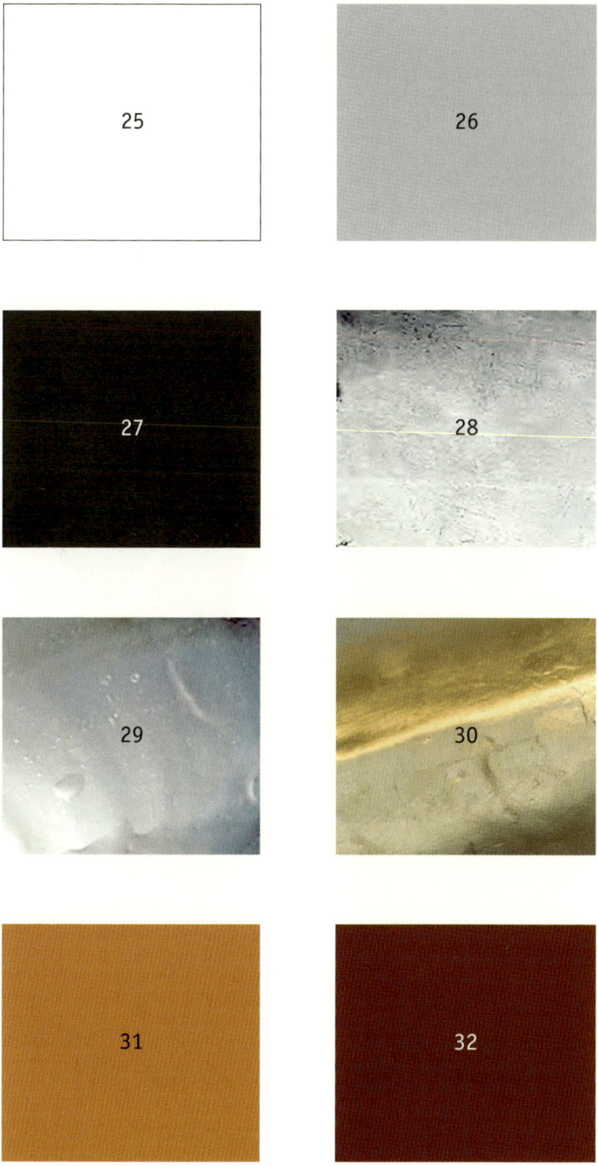

Die „Farben" Perlmutt (Nr. 29), Silber (Nr. 28) und Gold (Nr. 30) sind im Beispiel hier keine „Farben", sondern Ausschnitte aus Bildern, die an diese Farben erinnern sollten.

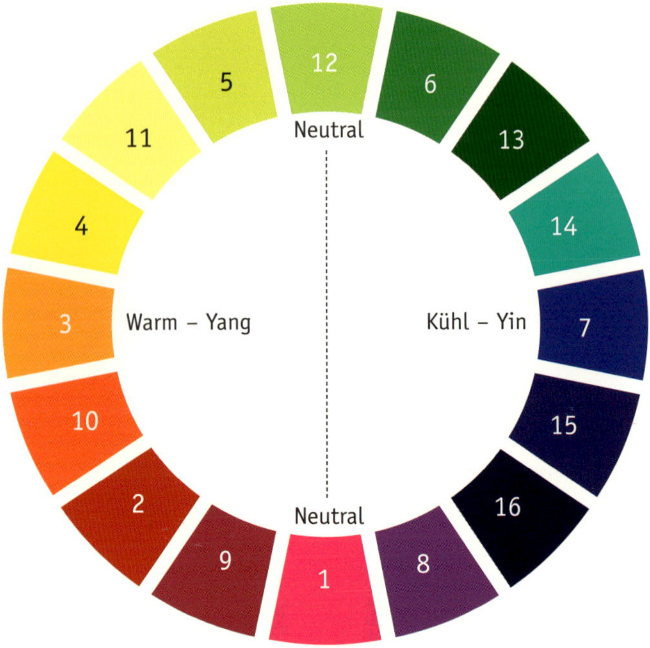

16 der 32 Kraftfarben (die 33. ist ja Ihre persönliche Farbe, die nur Sie kennen) in einer Farbuhr zusammengestellt. Die Zahlen an den Farben entsprechen der jeweiligen Kraftfarbe.

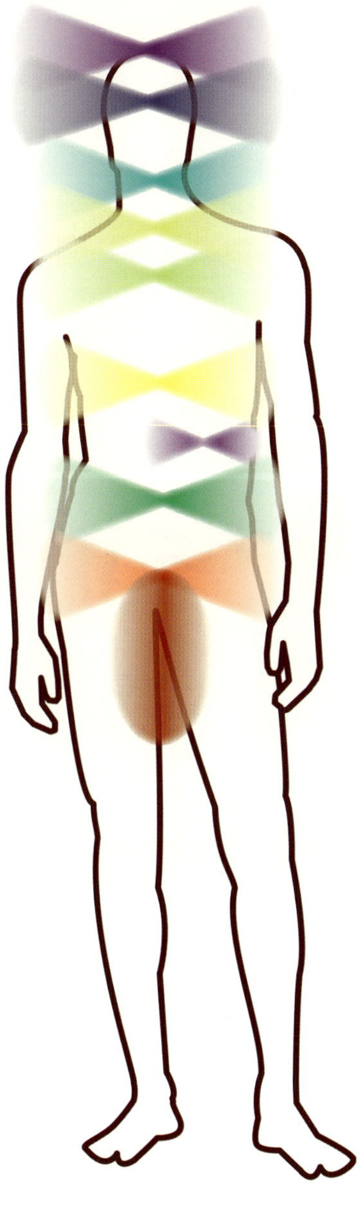

Chakras und wichtige Energieyentren im Menschen

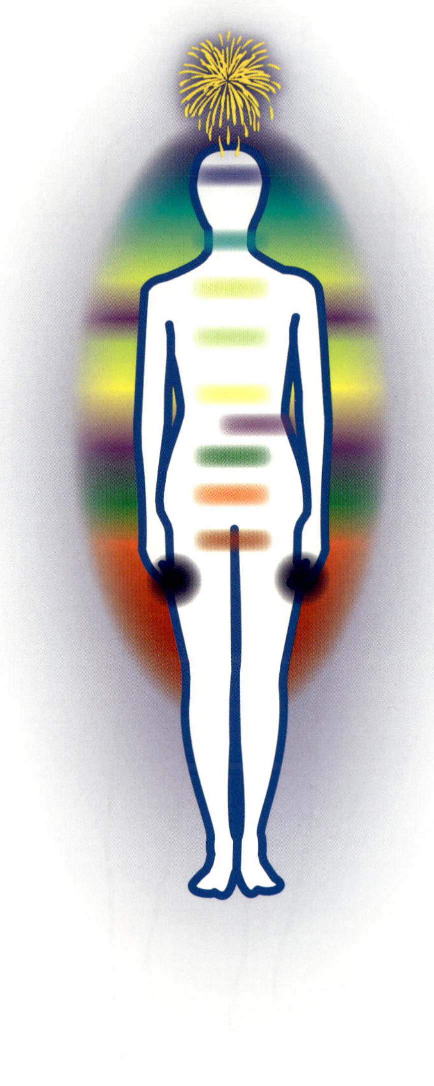

Der Lichtkörper und die Zwei-Schichten-Aura

Durch diesen Stein erkennen Sie Ihre eigene Willenskraft und erfahren mehr Vertrauen zu sich selbst. Sie erleben sich als ein Individuum, dass sein Leben selbst in die Hand nehmen kann. Sie erkennen Ihre Unabhängigkeit und Ihren Weitblick.

Indigo: Azurit

Der Azurit ist dunkelblauer Stein und seine Oberfläche ist brüchig, rauh und grob. Gewöhnlich findet man ihn zusammen mit dem Malachit. Seine Fundorte sind Russland, Australien, Frankreich, Namibia und die Vereinigten Staaten.

Nicht in Kontakt mit Wasser bringen, da der Azurit sehr spröde und brüchig ist; auch nicht in die Sonne stellen.

Körperlich: Der Azurit ist ein sehr beruhigender Stein. Er eignet sich bei Wutausbrüchen und Ärgernissen. Er löst Spannungen.

Seelisch: Der Azurit hat die Eigenschaft, Sie dabei zu unterstützen, Altes loszulassen und sich neuen Aufgaben zu stellen. Sie finden die Mitte und sind besser zentriert. Er hilft Ihnen Ihr eigenes Potential zu entdecken.

Der Azurit stärkt ihr Selbstvertrauen und unterstützt Sie in Ihren medialen Fähigkeiten. Seine Schwingung wirkt unterstützend bei der Meditation.

Jade: Jade

Der Jade wird als der „Traum-Stein“ angesehen. Am häufigsten tritt Jade in der Farbe grün auf, es gibt ihn aber auch in violett. Er wird in China und weiten Teilen Asiens als der „Glücksbringer“ bezeichnet und ist deshalb dort besonders beliebt.

Der Jadestein kann entweder direkt am Körper getragen werden oder als Schmuck für Ihren Lieblingsplatz dienen oder für Ihre Meditation aufgestellt werden.

Körperlich: Die Schwingung des Jadesteins regt Ihre Nierentätigkeit an und regelt damit den Wasserhaushalt. Geeignet für Fischefrauen, die ganz besonders für Wasseransammlungen in den Beinen prädestiniert sind.

Seelisch: Die Schwingung des Jadesteins macht es möglich, dass Sie sich sehr gut auf die Bedürfnisse anderer Menschen einstellen können. Er unterstützt Ihre Weisheit im Hinblick auf die Lösung von Problemen. Er regt Ihre Traumtätigkeit an.

Sollten Sie Probleme mit Ihrer Empfängnis haben, gilt der Jade als der Stein, der mögliche Blockaden lösen kann. Sie fühlen sich entspannter, bereiter und offener. Besonders für Fischefrauen wirkt der Jadestein unterstützend, sich von den Problemen anderer Menschen abzugrenzen. Idealer Meditations- und Zentrierungsstein.

Kupfer: Kupfer

Kupfer ist ein rötlich schimmerndes, ziemlich hartes, zähes und dehnbares Metall. Es gilt als das „Liebesmetall". Seine Hauptfundorte sind die Vereinigten Staaten, Chile und Katanga.

Kupfer kann direkt am Körper getragen oder aufgelegt werden und eignet sich auch als Schmuck. Bitte nicht in Kontakt mit Wasser bringen. Am besten sollte eine auf oder an der haut getragene Kupferoberfläche mit einem Naturharz versiegelt werden, um nicht anzulaufen und die Haut grünlich zu färben.

Körperlich: Kupfer in homöopathischer Form regt die Libido an. Kupfer aktiviert die Lebenskräfte.

Seelisch: Kupfer fördert den Ausgleich zwischen introvertierter Reserve und extrovertiertem Selbstvertrauen. Kupfer soll eine gute Wirkung auf Menschen haben, die dazu neigen, manchmal hysterisch zu reagieren.

Kupfer gilt als eine exzellente Hilfe um die Fähigkeit zu entwickeln, die wahren Gefühle zu akzeptieren und auszudrücken. Sie gewinnen wieder mehr Vertrauen in sich selbst.

Lavendel: Fluorit

Der Fluorit gehört zur Gruppe der Flussspate dessen Farberscheinung rosa, blau, violett und klar ist.

Entweder direkt am Körper tragen oder zur Inspiration und als „Lernhilfe“ am Schreibtisch aufstellen.

Körperlich: Die Schwingung des Fluorit unterstützt Ihre Gelenkigkeit und stärkt Ihren Knochenaufbau. Sollten Sie an Gelenksschmerzen leiden oder an extremen Verspannungen, so eignet sich der Fluorit wunderbar zur Linderung und Förderung von Heilung.

Seelisch: Die Schwingung des Fluorit löst Voreingenommenheiten gegenüber Menschen und Unternehmungen. Ihre persönliche Begrenzungen fallen von Ihnen ab und Sie gewinnen eine neue Betrachtungsweise.

Sie erkennen, dass es nicht nur schwarz und weiß gibt, sondern auch viele weitere Möglichkeiten. Dadurch öffnet sich für Sie ein ungeheuer weiter Horizont und Sie bemerken, dass das Leben noch vielfältiger ist, als Sie es bisher erlebt haben.

Lemon: Peridot

Den Peridot findet man auch unter dem Namen Chrysolith oder Olivin. Peridot ist die französische Bezeichnung des edlen Olivin. Der Name Chrysolith, vom Griechischen *chrysos,* „Gold“, und *lithos,* „Stein“, ist in Deutschland die übliche Bezeichnung des edlen, gelbgrünen bis olivgrünen Olivin.

Der Peridot ist als Rohstein im Handel erhältlich, er kann als Schmuck getragen werden. Die größte Wirkung erzielt man, wenn man ihn im Hautkontakt trägt.

Körperlich: Die Schwingung des Peridot soll die Leber- und Gallentätigkeit anregen und den Stoffwechsel stimulieren.

Seelisch: Die Schwingung des Peridot soll Sie erkennen lassen, wo Sie in Ihrem Leben fremdbestimmt sind. Dadurch erfahren Sie Gelassenheit und gleichzeitig ein neues Lebensgefühl.

Er soll Ihnen helfen, Ihre vermeintlichen Schuldgefühle, Minderwertigkeitskomplexe und Selbstvorwürfe zu lindern.

Er unterstützt Sie dabei, Ihre vielleicht durcheinander geratenen Emotionen wieder zu ordnen.

Magenta: Rhodochrosit

Der Rhodochrosit ist ein Manganspat, dessen Farbe schattiertes Orange oder Rosa mit streifenartigem Weiß ist. Sein Name kommt aus griechisch *rhodon* und heißt die Rose. Die Hauptfundorte sind Deutschland, die Vereinigten Staaten und die ehemalige Sowjetunion.

Der Rhodochrosit eignet sehr gut als Schmuck, besonders in Form einer Kette. Allerdings möchte ich Sie darauf hinweisen, dass er ein etwas teurerer Stein ist.

Körperlich: Die Schwingung des Rhodochrosits soll für Menschen mit Asthma oder anderen Krankheiten der Atemwege unterstützend wirken. Er wirkt auch anregend für Ihren Kreislauf.

Seelisch: Die Schwingung des Rhodochrosits hilft, irrationale Ängste zu lindern. Er hilft Ihnen, Ihre Probleme nicht so negativ zu sehen. Er unterstützt Ihre Traumtätigkeit und verbessert Ihren Schlaf.

Der Rhodochrosit ist von der Schönheit seiner Farben her ein gerade für Frauen ein sehr prachtvoller Stein. Er soll Ihre Liebestätigkeit anregen und hilft, Ihre Ängste vor oder in einer Partnerschaft oder Ehe zu nehmen – somit gewinnen Sie wieder mehr Vertrauen in das Potential der Liebe. Alternativ auch Thulit.

Nachtblau: Dumortierit

Entdeckt wurde dieser Stein erst in der zweiten Hälfte des 19. Jahrhunderts. Er ist nach einem französischen Wissenschaftler benannt. Der Dumortierit besteht aus Magma, das viel Kieselsäure und Borsäure enthält. Seine Hauptfarben sind schwarzblau, blauviolett und blau; er kommt auch in anderen Schattierungen vor.

Zunächst kam er vor allem in Laborgeräten und als Isolierung zum Einsatz. Inzwischen wird er zunehmend als Schmuckstein (z.B. in Form von Cabochons) und zur Heilung verwendet. Der Dumortierit sollte länger getragen und bei körperlichen Beschwerden mehrfach direkt auf die betroffenen Körperbereiche gelegt werden.

Körperlich: Man soll diesen Stein bei Erkrankungen des Nervensystems nutzen können. Er lindert nervöse Kopfschmerzen und verbessert die Wahrnehmung. Er hilft bei der Ausleitung von Giften und Strahlenbelastung und lindert Hautreizungen, Übelkeit, Erbrechen, Krämpfe, Koliken und Durchfall. Er entspannt und beruhigt.

Seelisch: Manchmal nennt man den Dumortierit *Take it easy*-Stein wurde. Er fördert Mut und Zuversicht sowie eine positive Lebenseinstellung. Er löst Ängste und überholte, beengende Verhaltensmuster auf. Auch als Unterstützung bei Suchttherapien.

Orange: Karneol

Der Karneol ist eine Abart des blutroten bis gelben und weißen Chalzedons. Er ist auch etwas durchscheinend. Im Altertum war er als Siegelstein sehr geschätzt. Siehe auch Sarder.

Den Karneol kann man direkt am Körper tragen oder einfach als Schmuckstein im Zimmer aufstellen.

Körperlich: Die Schwingung des Karneols regt Verdauung und Blutkreislauf an. Sie verarbeiten alle wichtigen Bestandteile Ihrer täglichen Nahrungszufuhr besser und schneller. Er lindert Blähungen.

Seelisch: Die Schwingung des Karneol wirkt sehr erdend. Er bringt Sie bei verwirrenden Gedanken wieder auf den Boden der Realität zurück, was besonders für Wasser- und Luftzeichen wichtig ist. Er unterstützt Sie in Ihrem Durchhaltevermögen und Ihrer Standfestigkeit.

Besonders für Frauen geeignet, die Ihre eigene Mitte und Zentriertheit suchen. Er wirkt stabilisierend, realitätsverbindend und ausgleichend. Der Karneol ist auch gut während der Schwangerschaft einzusetzen.

Perlmutt: Perle

Perlen sind Perlmuttgebilde, die von der Perlmuschel rings um eingedrungene Fremdstoffe oder Schmarotzer abgeschieden werden. Sie erscheinen in den Farben blau, grau und sogar schwarz. Die meisten Perlen, die heutzutage erhältlich sind, stammen aus einer künstlich angelegten Salzwasser-Umgebung aus Japan. In freier Natur entstehen sie aufgrund der Wasserverschmutzung nur noch sehr selten.

Dass Perlen, in Schmuckkästchen aufbewahrt, ihren Glanz verlieren, ist kein Märchen. Sie müssen auf der Haut getragen werden, um den Glanz zu behalten, bedürfen also der Aufladung mit menschlichem Od. Perlen absorbieren Ihre momentanen Gefühle und Stimmungen solange, bis Sie sie in Salzwasser wieder „entladen“, daher ist bei Ihrer Handhabung Vorsicht gebeten.

Körperlich: Die Schwingung der Perlen kann Ihren Stress reduzieren und daraus resultierende Krankheiten lindern, wie erhöhten Blutdruck, Kopfschmerzen und Erschöpfung.

Seelisch: Die Perle verkörpert Reinheit, Schönheit und Tugend. Perlen geben Ihnen einen Hauch von etwas Besonderen und fördern Ihre Intuition.

Perlen bedeuten Tränen – aber nur, wenn eine schöne Frau sie NICHT bekommt, sagt der Frauenkenner. Perlen wirken für Frauen sehr harmonisierend, vor allem für schwangere Frauen.

Perlen eignen sich auch besonders für Künstler und Chiropraktiker.

Pfirsich: Rosa Chalzedon

Der Chalzedon (auch: Chalcedon) ist Hauptbestandteil vieler Halbedelsteine. Er ist lichtgefärbt, weiß, grau, braun und durchsichtig; hier geht es uns um den rosafarbenen Chalzedon (siehe auch Karneol und Sarder).

Als Schmuckstein im Zimmer. Therapeuten schlagen vor, ihn direkt am Körper auf den verletzten Stellen aufzulegen.

Körperlich: Er unterstützt bei Verletzungen; Therapeuten meinen, dass er blutstillend wirkt und den Heilungsprozess beschleunigt. Besonders eignet sich der Chalzedon für Frauen in den Wechseljahren.

Seelisch: Überwindet Ihre Ängste und Unsicherheiten im Umgang mit anderen Menschen. Auch öffnet er Ihnen eine völlig andere Sichtweise Ihres Lebens.

Der Chalzedon wird als Stein der Kommunikation gesehen. Er unterstützt Sie dabei, klar und deutlich im Ausdruck zu sein. Seine Schwingung beflügelt Ihre Kontaktfreudigkeit und macht Sie zu einem interessanten Gesprächspartner. Außerdem gibt er Ihnen die Kraft für Ihre Selbstverwirklichung.

Pink: Rubin

Der Rubin ist ein roter Edelstein mit einem ausgesprochenen „Pink-Stich“, nicht zu verwechseln mit dem dunkelroten Granat! Sein Name stammt aus dem Lateinischen, *ruber*, das heißt rot. Der echte Rubin wird durch Reiben magnetisch. Seine Hauptfundorte sind Indien, Sri Lanka und die Vereinigten Staaten.

In lichtdurchlässiger Kassette aufbewahrt, hält sich sein Feuer besser als im hellen Tageslicht. Es empfiehlt sich, den Rubin als Kette, Anhänger oder Handschmeichler direkt am Körper zu tragen.

Körperlich: Seine Strahlung kräftigt Ihre Konstitution und Ihre Blutzirkulation und lässt anstrengende Arbeit leichter ertragen. Der Rubin bringt Wissen, Gesundheit, Wohlstand und spirituelle Weisheit.

Seelisch: Der Rubin ist ein Stein mit einer sehr kräftigen Schwingung, welche all Ihre Energien stärkt und Dinge in ein positives Licht rückt. Er verbessert Ihren Erfolg bei Auseinandersetzungen und in Streits.

Der Rubin unterstützt Sie in allen Angelegenheiten der Liebe, einschließlich der Liebe zu sich selbst. Er fördert ihre sexuelle Aktivität. Er hilft, Ihre Ziele zu erreichen und stärkt Denken und Handeln.

Purpur: Granat

Der Granat wird als „Krisenstein" bezeichnet. Er ist ein Halbedelstein und seine Farben können sein: rosa, rot, gelb, orange, grün, braun und schwarz.

Der Granat kann als Schmuck getragen oder als Rohstein im Zimmer aufgestellt werden. Zu empfehlen ist, ihn im direkten Haukontakt zu tragen.

Körperlich: Die Schwingung des Granats wirkt auf Ihren Organismus ausgleichend und stabilisierend. Bei lang andauernden Krankheiten erhöht er Ihre Regenerationskraft.

Seelisch: Ist Ihre Lebenssituation noch so ausweglos oder dunkel oder traurig, die Schwingung des Granat hilft Ihnen, einen Weg aus einer vorübergehend existierenden Dunkelheit zu finden. Er schenkt Ihnen neuen Lebensmut in besonders schwierigen Angelegenheiten.

Die Schwingung des Granats verhilft Ihnen zu mehr Selbstvertrauen. Sie meistern problemlos die alltäglichen Anforderungen plus die unüblichen Herausforderungen. Sie gewinnen Selbstsicherheit und Überzeugungskraft.

Rosé: Rosenquarz

Der Rosenquarz ist ein sehr hartes, häufig vorkommendes und schwer schmelzbares Mineral. Diesen sehr schön aussehenden, durchsichtig rosafarbigen Stein findet man in den Vereinigten Staaten, Brasilien und Japan. Er gilt als der beste „Fruchtbarkeitsstein".

Der Rosenquarz eignet sich ganz besonders für die Farb-Akupunktur (siehe auch Hinweis auf Farbhandlampe im Anhang). Er ist als Rohstein oder als Schmuck, z.B. als Halskette, erhältlich. Wenn man die Farbakupunktur durchführt, empfiehlt sich eine Bestrahlung in der Herzgegend.

Körperlich: Die Schwingung des Rosenquarzes hilft Ihnen, Herz- und Blutkreislauf in Schwung zu halten und wirkt reinigend für alle Organe.

Seelisch: Die Schwingung des Rosenquarzes soll Ihnen mehr Selbstwert, Selbstliebe und Offenheit verleihen. Sie spüren mehr Einfühlungsvermögen für Ihre Mitmenschen und Ihre Herzenskraft und Hilfsbereitschaft weitet sich aus. Besonderen Anklang findet der Rosenquarz zur Hilfe bei Liebesangelegenheiten.

Die Schwingung des Rosenquarzes öffnet Sie für die Schönheit von Kunst, Musik und Literatur. Er belebt Ihre Phantasie und Vorstellungskraft und erhöht Ihre Fruchtbarkeit, auch die geistige. Für Kinder wirkt er sich sehr günstig für die Entwicklung ihres Geistes aus.

Rot: Feueropal

Der Opal ist ein edler, wasserheller, weißer und oft von einem prächtigen „opalisierendem" Farbspiel geprägter Stein. Der Feueropal ist rot. Der Opal galt in Europa im Mittelalter als „Unglücksstein", die Inder allerdings sehen ihn als Träger dauernder Glückseligkeit!

Personen mit schwieriger Mond- oder Neptunstellung im Horoskop sollten ihn nicht tragen, da sie ohnehin schon eine übersteigerte Imagination besitzen. Bitte beachten Sie, dass der Opal ein sehr sensitiver Stein ist, daher sollte man ihn außerordentlich sanft behandeln. Bitte tragen Sie ihn am kleinen Finger, soweit wie möglich vom Körper entfernt. Auch sollte er nicht von Teenagern getragen werden oder mit anderen Steinen gleichzeitig.

Körperlich: Die Schwingung des Opals soll Augenleiden heilen. Er wirkt allgemein gesundheitsfördernd.

Seelisch: Man sagt, wenn man vom Opal träumt, wird man ein hohes Einkommen erhalten. Auch soll er Ihr Bewusstsein und Lebensfreude erhöhen und verbessern.

Er wirkt unterstützend für Ihre Kreativität und bringt verborgene Potentiale ans Tageslicht. Er hilft Ihnen, das Leben von der heiteren Seite zu betrachten und steigert Ihr Bedürfnis nach Abwechslung in der Erotik.

Schwarz: Boji-Stein

Der Boji-Stein ist ein grau-braun-schwarzes Mineral, das als Kugelpyrit im Schlamm eines früheren Meeresbodens entstanden und später an der Erdoberfläche verwittert ist. Die derzeit gängigen Boji-Steine kommen aus den USA.

Im Handel als Rohstein und Schmuckstein erhältlich. Auch als Handschmeichler gut zu verwenden.

Körperlich: Der Boji-Stein hilft Ihnen, körperliche Blockaden zu lösen und bringt damit Ihren Energiefluß wieder in Schwung.

Seelisch: Der Boji-Stein setzt Emotionen frei. Dadurch kann es sein, dass Sie mit Ihren Schattenseiten in Berührung kommen.

Löst alte Verhaltensmuster aus frühester Kindheit. Somit können Sie ein befreiteres und vielleicht glücklicheres Leben führen.

Silber: Silber

Silber ist ein weißglänzendes Edelmetall mit ausgeprägter Yin-Energie. Es ist nach Gold das dehnbarste Metall. Seine Hauptförderländer sind Mexiko, Peru, USA und Deutschland.

Tragen Sie Silberringe immer auf Ihrer linken Hand, damit wird Ihre Energie besser geleitet. Sie können Silber z.B. in Kombination mit Achat, Mondstein und Türkis tragen.

Körperlich: Manche Heiler meinen, dass die Schwingung von Silber bei gelbsuchterkrankten Menschen den Heilprozess fördert. Silber begünstigt Ihren Kreislauf und wirkt entgiftend.

Seelisch: Die Schwingung des Silbers wirkt sich besonders positiv auf die Kommunikation aus. Es erleichtert flüssige Redeweise und löst eventuelle Spannungen und Ängste bezüglich Ihrer Sprechweise auf. Für ein höher entwickeltes Kehlkopfchakra, dass heißt für Menschen, die nur noch wenig aus Ihrem Ego kommunizieren.

Silber löst Ängste und Blockaden in Bezug auf notwendige Problemlösungen. Sie erlangen mentale Klarheit und haben den Mut, Ihren Schwierigkeiten ins Auge zu schauen.

Tannengrün: Dioptas

Der Dioptas ist ein tiefgrüner Kupfersmaragd. Er ist ein sehr zerbrechliches Kristall.

Es empfiehlt sich, den Dioptas als Meditationsstein anzuwenden oder ihn als Schmuck aufzustellen. Zum Tragen ist er nicht geeignet, da er sehr zerbrechlich ist.

Körperlich: Der Dioptas macht es möglich, die Gesamtzusammenhänge zu erkennen. Er wirkt unterstützend, sehr alte Wunden ans Tageslicht kommen zu lassen; es könnte sich dabei um eine Seelenwunde handeln, also um ein tiefes Leiden, dessen Muster sich mehrere Leben lang wiederholen.

Seelisch: Man erkennt welche Rolle Menschen spielen, die einem in diesem Leben sehr nahe stehen, im letzten Leben gespielt haben könnten. Heilstein für tiefe Seelenwunden aus früheren Leben.

Der Dioptas hilft Ihnen, Ihre Muster zu erkennen. Dies kann sein, dass Sie feststellen, dass Sie bei Ihrer persönlichen Partnerwahl immer ähnliche Menschen anziehen mit ähnlichen Problemen. Es kann sein, dass hier immer die gleichen Verhaltensmuster ablaufen. Es gilt nun, diese zu erkennen und damit haben Sie das Problem schon fast gelöst. Er unterstützt auch Ihren Sinn für Schönheit. Der Dioptas verbindet auf magische Art und Weise mit der Natur. Man kann, meinen manche, mit ihm lernen, mit Bäumen zu sprechen und die Stimmen der Vögel zu verstehen.

Türkis: Türkis

Der Türkis ist ein undurchsichtiges, durch Eisen oder Kupfer gefärbtes Aluminiumphosphat, seine Farben reichen von reinem Himmelblau über Blau bis zu Blaugrün; manchmal gibt es bräunliche Einschlüsse aus dem ursprünglichen Trägergestein. Seine Hauptfundorte sind Frankreich, Iran, Afghanistan und New Mexico.

Am besten und sicher echt ist der mit dem Muttergestein durchsetzte Türkis. Er verändert seine Farbe und wird grünlich, wenn der Träger krank wird. Der unechte Türkis vermag die Farbe nicht zu wechseln.

Körperlich: Die Schwingung des Türkis lindert alle Arten von Magenschmerzen, sei es durch Übersäuerung, durch nervliche Anspannung oder durch Gastritis. Er hilft auch gegen Kopfschmerzen und stärkt Abwehrkräfte und das Immunsystem.

Seelisch: Die Schwingung des Türkis führt zu Weisheit und hilft Ihnen, die Dinge des Lebens besser zu verstehen. Er unterstützt Ihre Kommunikation und Ihre Gerechtigkeit.

Der Türkis fördert Sie darin, in Angelegenheiten der Liebe spontaner zu sein und bringt Sie näher zu Ihrem „Höheren Selbst". Sollten Sie ein Kind haben, das stottert, so ist der Türkis der richtige Stein. Legen Sie ihn täglich für ca. 15 Minuten auf das Hals-Chakra.

Violett: Amethyst

Der Amethyst ist ein violetter Halbedelsein, der in die Gruppe der Quarze gehört. Das Wort stammt aus den vorgriechischen Mittelmeerkulturen. Er ist ein Stein der Weisheit und Güte. Seine Fundorte sind Brasilien, Kanada, Sri Lanka und Ost Afrika.

Legen Sie den Amethyst in die Nähe des Platzes Ihrer Meditation. Sollten Sie an Schlaflosigkeit leiden, dann legen Sie ihn in die Nähe Ihres Schlafplatzes. Er ist ein beliebter Schmuckstein.

Körperlich: Der Amethyst ist ein besonders heilender Stein. Hilft, geschäftliche Angelegenheiten erfolgreich abzuschließen. Er trägt dazu bei, Stress und Probleme besser verarbeiten zu können. Heilpraktiker meinen, dass er den Allgemeinzustand stärkt und Alpträume und Schlaflosigkeit lindert.

Seelisch: Entwickelt Intuition und hilft bei Meditation und Konzentration. Er unterstützt den Fortschritt der spirituellen Entwicklung.

Sie erkennen, dass Sie mehr als nur Körper und Geist sind. Sie entdecken auch, dass es eine höhere Kraft gibt, die Sie lenkt und beständig für Sie da ist.

Weiß: Mondstein

Der Mondstein ist ein farbloser, stark durchscheinender Kalifeldspat (ein „Orthoklas"). Sein milchiger Lichtschein unterscheidet ihn vom „Adular", einem sehr ähnlichen Stein, der jedoch kein Licht reflektiert. Der Mondstein kommt in Sri Lanka, Australien und Brasilien vor.

Der Mondstein kann direkt am Körper getragen werden, er eignet sich auch zum Auflegen auf die Stirn zwischen den Augenbrauen am sogenannten dritten Auge.

Körperlich: Die Schwingung des Mondsteins soll die Fruchtbarkeit stärken. Er wirkt ausgleichend und stabilisierend auf Ihren Hormonhaushalt. Sollten Sie an Menstruationsbeschwerden oder unregelmäßigen Zyklen leiden, so kann er lindernd und balancierend wirken.

Seelisch: Die Schwingung des Mondsteins soll förderlich sein für Ihre Intuition. Er bestärkt Sie, auf Ihre Intuition zu achten und auch danach zu leben. Dadurch gewinnen Sie mehr Gefühlstiefe. Außerdem lindert er eine etwaige Mondsüchtigkeit.

Der Mondstein ist ein sehr femininer Stein, er wird die Yin-Kraft betonen. Er soll auch Ihre medialen Fähigkeiten steigern. Er gilt als ein Talisman für Glück.

Zinnober: Jaspis

Der Jaspis gehört in die Familie der Quarze. Seine Farben können sein: braun, rot, gelb, grün, blau und gebändert, undurchsichtig.

Der Jaspis eignet sich sehr gut als Schmuckstein und sollte, wenn möglich, im direkten Hautkontakt getragen werden.

Körperlich: Der grüne Jaspis soll entgiftend wirken. Der gelbe Jaspis stärkt Ihre Widerstandskraft. Der rote Jaspis aktiviert Ihre Energie. Der Rauchjaspis hilft, körperliche Verspannungen zu lindern.

Seelisch: Die Schwingung des Jaspis wirkt aufbauend und ermunternd. Der grüne Jaspis wirkt aufbauend. Der gelbe Jaspis bewirkt, dass Sie wieder Ihr Vertrauen in die Welt gewinnen. Der rote Jaspis stärkt Ausdauer und Beharrlichkeit. Der Rauchjaspis hilft, über eine eng begrenzte Perspektive hinauszugehen.

Die Schwingung des Jaspis unterstützt Ihre Durchsetzungskraft und lässt Sie Dinge mit einer gewissen Nüchternheit betrachten. Angeblich soll er Sie während Ihrer Schwangerschaft kräftigen.

Zitrone: Citrin

Der Citrin ist ein weingelber und manchmal auch grüngelber oder goldgelber Quarz. Dieser Quarz darf nicht, wie manche Edelsteinschleifer es tun, „Topas“ genannt werden, sondern Quarztopas oder besser eben Citrin (auch „Zitrin“ geschrieben). Hauptfundorte sind Spanien, Brasilien, die Vereinigte Staaten und Russland.

Vorzugsweise am Körper zu tragen. Selten und eher teuer.

Körperlich: Der Citrin bringt Ihren Stoffwechsel wieder in Schwung. Er wirkt heilend bei Depressionen, Unlust, Trägheit oder Antriebslosigkeit. Ihre sonnigen und lebensbejahenden Gefühle kommen wieder an die Oberfläche Ihres Lebens.

Seelisch: Seine Schwingung bringt Ihnen Lebensfreude und neuen Elan für die Verfolgung Ihrer Lebensziele. Er hilft Ihnen, sich nicht von bedrückenden und traurigen Stimmungen vereinnahmen zu lassen und sich davon abzugrenzen.

Gibt Wärme, vor allem bei Frauen, die an Kälte leiden und ständig kalte Hände oder Füße haben.

Ihre Lieblingsfarbe: Diamant

Der Diamant ist der härteste und edelste Stein, er ist der „König der Steine". Abgesehen von einzelnen angeblich Unglück bringenden Diamanten mit romantischer Geschichte – wobei aber die Habsucht der Menschen sicher mehr Unglück schuf als die Steine selbst – gilt der Diamant als äußerst wohltätig. Der Diamant ist einer der teuersten Edelsteine, besonders im geschliffenen Zustand. Am besten direkt am Körper tragen und gelegentlich in der Sonne aufladen.

Körperlich: Der Diamant hat die Eigenschaft, Veränderungen, die Sie schon lange hinausgezögert haben zu beschleunigen. Er wirkt dabei stark unterstützend und verleiht Ihnen Kraft und Mut.

Seelisch: Der Diamant fördert Ihr Interesse an spirituellen Dingen. Lässt wesentliche Faktoren bewusst werden, zum Beispiel, dass es eine allumfassende Wahrheit und eine höhere Kraft gibt, die Sie lenkt und beschützt. So ist er ein Schutz gegen seelische Störungen und die

Strahlung von Hass von Feinden und Neidern und erhöht die Fähigkeit zu schöpferischem Schaffen.

Der schöne Glanz des Diamant vermittelt Ihnen Willenskraft und Mut, Ihr Leben nicht mehr länger einfach dahinfließen zu lassen, sondern bewusst in der Gegenwart zu leben und die Zukunft aktiv zu planen. Hildegard von Bingen empfiehlt, bei Heißhunger den Stein für längere Zeit in den Mund zu nehmen.

Farben, Astrologie und Tierkreiszeichen

Bei den Entsprechungen zwischen Farben und den Tierkreiszeichen sowie Planeten führen die Autoren jeweils drei Farben an. Die ersten beiden stärken die Eigenschaften der Zeichen und Himmelskörper; die dritte gleicht aus, wenn die Energien des Zeichens oder des Planeten überschießen. Dabei handelt es sich *nicht* um gesundheitliche Entsprechungen und Hinweise, sondern um energetische, magische und spirituelle.

Hier zunächst einige Praxisvorschläge, wie Sie mit den Farben im Zusammenspiel mit den kosmischen Zyklen umgehen können. Sie können mit den genannten Farben meditieren, ihre Kleidung darauf abstimmen, sich gedanklich mit den Qualitäten und Gefühlen beschäftigen, die diese Farben in ihnen ansprechen, und so fort. Farben fordern immer auch zur eigenen Kreativität auf! Danach folgt die Übersicht der Entsprechungen bzw. Zuordnungen.

Sonnenstand: Die Sonne steht im Jahreslauf ungefähr einen Monat lang in einem Tierkreiszeichen. Sie sind unter einem bestimmten Sonnenstand geboren worden. Diese beiden Sonnenstände – den Ihres Geburtstages und den der jeweiligen Zeitspanne – weisen auf bestimmte Farben hin, die Sie jetzt besonders unterstützen können.

Ein Beispiel: Ihr Tierkreiszeichen ist Waage und wir haben den Krebsmonat Juli. Die Farben Türkis und Gelb, vielleicht auch Orange für Waage und die Farben Himmelblau und Silber, sowie unter Umständen auch Rosé für Krebs sind jetzt wichtig. Dazu kommen die Farben der Sonne, also Gold, Weiß (und Schwarz, wenn die Sonnenenergie als zu intensiv erlebt wird). In diesem Monat helfen Ihnen diese Farben besonders, Ihre persönlichen Träume zu entfalten, Ihre Ziele anzustreben und sich selbst zu verwirklichen.

Mondstand: Sehen Sie in einem Mond- oder Astrokalender nach, in welchem Zeichen der Mond jeweils steht. Manche Radiosender geben auch den Mondstand an. Der Mond wandert bekanntlich in rund vier Wochen einmal ganz durch den Tierkreis und alle 12 Zeichen. Er hält sich gut zwei Tage in jedem Zeichen auf. Diese Tage haben eine besondere Mondqualität, die vom Zeichen, in dem er steht, „gefärbt" wird. Sie kombinieren die Grundfarben des Mondes mit den Farben der jeweiligen Zeichen.

Wenn der Mond gerade im Zeichen Stier steht, probieren Sie aus, ob die Mond- und Stierfarben Ihnen jetzt nicht besonders gut tun. Das wären also Silber und Weiß (und eventuell Grau) für den Mond und Frühlingsgrün und Rosé für das Zeichen Stier, vielleicht auch Blau. Wenn der Mond im Zeichen Schütze steht, umgeben Sie sich mit diesen Farben, zum Beispiel in der Kleidung. Das wären Silber und Weiß (sowie Grau) für den Mond und Indigo und Orange, eventuell auch Lavendel für das Zeichen Schütze.

Horoskop: Wenn Sie ein Horoskop haben sowie die 33 Farbkarten (siehe Anhang), dann können Sie jeweils die Farbe, die als erstes in der Übersicht zu Farben und Himmelskörpern unten genannt ist, in einem Kreis auslegen, und zwar so nebeneinander, wie die Planeten im Horoskop zueinander geordnet sind.

Sie legen dann also 18 Farbkarten in einem Kreis aus, nämlich jeweils eine Karte für Sonne, Mond, und so fort bis IC und Lilith. Nun vertiefen Sie sich meditativ in das, was Ihnen diese Farben über sich und Ihre Lebensthemen sagen. Welche Farben liegen nebeneinander? Welche sind gegenüber? Und was Ihnen sonst noch auffällt ...

Wenn man sich noch nicht so gut auskennt mit Astrologie, mag es leichter sein, nicht alle Himmelskörper und Achsen mit Farbkarten auszulegen, sondern nur einige.

Tierkreiszeichen und Farben

Widder:	Zinnober, Rot; Cream
Stier:	Frühlingsgrün, Rosé; Blau
Zwillinge:	Gelb, Cream; Magenta
Krebs:	Himmelblau, Silber; Rosé
Löwe:	Purpur, Gold; Nachtblau
Jungfrau:	Pfirsich, Braun; Gelb
Waage:	Türkis, Gelb; Orange
Skorpion:	Perlmutt, Schwarz; Jade
Schütze:	Indigo, Orange; Lavendel
Steinbock:	Tannengrün, Grau; Apricot
Wassermann:	Zitrone, Lemon; Pink
Fische:	Lavendel, Jade; Rot

Himmelskörper und Farben

Sonne:	Gold, Weiß; Schwarz
Mond:	Silber, Weiß; Grau
Merkur:	Apricot, Lemon; Zinnober
Venus:	Kupfer, Himmelblau; Magenta
Mars:	Rot, Orange; Indigo
Jupiter:	Magenta, Nachtblau; Grün
Saturn:	Grau, Braun; Zitrone
Uranus:	Pink, Magenta; Lemon
Neptun:	Nachtblau, Perlmutt; Purpur
Pluto:	Orange, Schwarz; Himmelbau
Chiron:	Grün, Blau; Weiß

Achsen bzw. Punkte und Farben

Nördlicher Mondknoten:	Blau, Orange; Perlmutt
Südlicher Mondknoten:	Braun, Violett; Pfirsich
Aszendent:	Rot, Weiß; Braun
Deszendent:	Perlmutt, Purpur; Cream
MC:	Gelb, Grün; Gelb
IC:	Indigo, Schwarz; Rosé
Lilith:	Violett, Rosé; Türkis

Ausdrücklich sei gesagt: Wenn für Sie eine andere Entsprechung stimmiger ist, so folgen Sie selbstverständlich Ihrer eigenen Intuition oder Erfahrung. Die Hinweise in diesem Abschnitt beruhen auf einer zwanzigjährigen astrologischen Praxis und nehmen auch Vorschläge des verstorbenen deutschen Altmeisters der Astrologie Johannes Vehlow auf. Eine ganz andere Zuordnung findet sich bei der Schweizer Astrologin Yvonne Helene Koch und ihrem Buch zum Thema *Astrokinesiologie.*

4 Spirituelle Kraft der Farben

Mit Farben können Sie auch negative Einflüsse abwehren und neutralisieren, Sie können Blockaden und Probleme auflösen. Die richtigen Farben helfen Ihnen, positive spirituelle Kräfte aufzubauen, die „richtigen Bestellungen" an das Universum zu schicken und die Segens- und Gnadenkraft der Engel zu nutzen, um legitime Wünsche zu erfüllen.

Farben spielen also in unserem Leben eine bedeutende Rolle. Ohne Farben und Licht wäre das Leben in der Tat nur grau. Farben sind Teilaspekte des Urlichts, aus welchem die gesamte Schöpfung entstand. Das Urlicht ist der Übergang von der Formlosigkeit in die Form, ist transparent und kennt noch keine Farbe. Farbe ist erst in der Materie vorhanden.

Farbe ist auch Licht, und weil Licht Leben bedeutet, ist Farbe ein Teil des Lebens hier auf der Erde. Jede Farbe ist ein Teilaspekt des Lichts. Deshalb sind *Lichtfarben* in der Therapie sehr oft wirksamer als *Pigmentfarben.* Die Kraft der Farben und des Lichts kann auch durch den Informationsträger Wasser weitgegeben werden (siehe Hinweise im Anhang).

Sogar aus den Tiefen des Alls strömt ein ununterbrochener Lichtfluss von den Fixsternen, den zahlreichen Sonnen und anderen Sternensystemen, den fremden Galaxien, den unsichtbaren schwarzen Löchern und den sogenannten Radiogalaxien herab auf unseren Heimatplaneten Erde und uns

Erdenbewohner. Sonnenlichtstrahlen sind unsere wichtigste Energiequelle, um Leben zu erhalten.

Was gibt es schöneres als mit Farbe zu arbeiten, sich damit zu umgeben, sich zu entdecken! Das schöne an der Kraft und Magie Magie der Farben liegt in der Schmerzlosigkeit, darin also, dass hier nicht gestochen oder geschnitten, nicht geschluckt oder sonst auf irgendeine Weise direkt körperlich eingegriffen wird. Farbbehandlung ist, was man „non-invasiv" nennt! So können wie auch anderen helfen, wieder mehr Freude im Leben zu erlangen.

Die Entdeckung der Entsehung und Brechung von Licht und Farben haben wir Sir Isac Newton (1643) und Mercell Johann Marcus Marci von Kronland (1595-1667) zu verdanken, die erforschten, wie Licht sich in Farben aufteilt, wenn es auf ein Prisma fällt. Wir selbst kennen das natürlichste Prisma der Welt: den Regentropfen. Dann taucht ein wunderschöner Regenbogen auf und wir freuen uns und sagen: Dies ist ein Gruß der Engel!

Die Magie und Kraft der Farben anzuwenden ist einfach. Lassen Sie die kleinen Wunder wirken und freuen Sie sich daran! Es handelt ich hierbei um nichts anderes als die Nutzung und Anwendung der uns zur Verfügung stehenden Lichtkraft – der Quelle aller Kräfte.

Freuen Sie sich an der Kraft des Sonnenlichts, das sowohl die Erde, die Lebewesen als auch die Pflanzen und Gewässer der Erde bestrahlt.

Farben helfen und wirken wie geheimnisvolle Kräfte. Auch unsere Worte können so wirken. Wir können die Kraft des Lichts in den Farben auch in Worten und Gedanken ausdrücken (siehe auch „Think Pink" im Literaturverzeichnis).

Es ist das Licht des Geistes, das uns führt. Lassen Sie das zu! Und es liegt vielfach an Ihnen selbst, ob Sie dunkle oder helle Gedanken haben. Schaffen Sie sich Ihre eigene feinstoffliche Umgebung.

Auflösung von negativen Kräften, Aufbau von positiven Kräften

Zu jeder der Kraftfarben finden Sie eine spezielle Affirmation sowie einen Hinweis, bei welchen Problemen diese Farbe besonders gut helfen kann. Die Kraftfarben sind alphabetisch angeführt.

Apricot	Ich lasse alle meine Ängste und Zweifel los.
Blau	Ich erkenne die allumfassende Wahrheit und bin eins mit dem Universum.
Braun	Ich gewinne von Tag zu Tag mehr an Lebensfreude, Spaß und Energie und werde so zu einem glücklicheren Menschen.
Cream	Ich lasse alles Alte los, denn ich erkenne meinen inneren Reichtum.
Frühlingsgrün	Ich habe das Recht, ein ausgeglichener und fröhlicher Mensch zu sein.
Gelb	Ich sehe die Dinge gelassener und erkenne, dass es eine höhere Kraft gibt, die alles lenkt.
Gold	Ich erkenne die Vielfalt und Schönheit des Lebens und strebe die höchsten Ziele und Werte an.

Grau	Ich fühle mich stark und gelassen und werde nicht beeinflusst; dabei bleibe ich klar.
Grün	Ich genieße meine spirituelle Entfaltung, weil ich offen bin für die Gotteskraft.
Himmelblau	Durch meine Klarheit erfahre ich, was wirkliche Liebe ist.
Indigo	Ich erkenne meine medialen Fähigkeiten und gehe auf eine Reise in eine neue Welt.
Jade	Ich erkenne, dass die Probleme meiner Mitmenschen nicht meine Probleme sind.
Kupfer	Ich akzeptiere meine Gefühle und habe den Mut, sie auch auszudrücken.
Lavendel	Ich bin bereit, mich für etwas Schöneres und Größeres in meinem Leben zu öffnen.
Lemon	Ich gewinne Vertrauen in meine Persönlichkeit.
Magenta	Ich lasse meine Ängste und Sorgen los, und gewinne so mehr an Abstand und Klarheit und Lebenserfahrung.
Nachtblau	Ich öffne mich für die Kraft des Universums und spüre, daß diese Kraft nur das Beste für mich will.
Orange	Ich genieße meine Standfestigkeit und Zentriertheit und ruhe in mir selbst.

Perlmutt Mein Leben gewinnt nach und nach an Schönheit und Freude.

Pfirsich Ich gehe offen und vorbehaltlos auf meine Mitmenschen zu und erfahre so, was wirklicher Austausch und Begegnung für mich bedeutet.

Pink Ich erlebe mich als ein Wesen voller Kraft und Energie.

Purpur Ich stehe zu meinen Problemen, weil ich weiß, dass ich an jeder Lösung der Probleme wachse und reife.

Rosé Meine Liebe und Achtung zu mir selbst wächst und ich spüre, wie sich meine Lebensfreude sanft entfaltet.

Rot Ich genieße mein Leben in vollen Zügen.

Schwarz Ich bin bereit, meine Blockaden abzulegen, und mich auf den Fluss des Lebens einzulassen.

Silber Ich akzeptiere meine Art und Weise der Kommunikation, weil ich weiß, dass sie vom Herzen kommt.

Tannengrün Ich erkenne, dass mein Leben eine noch viel schönere und harmonische Richtung einschlägt.

Türkis Ich habe den Mut, meine unausgelebte Romantik in vollen Zügen zu leben.

Violett	Ich erkenne, dass es eine höhere Kraft gibt, die, wenn ich offen und empfänglich, mich in allen Lebenssituationen unterstützt und mich schneller an mein Ziel bringt.
Weiß	Ich bin offen und bereit, auf meine Intuition noch mehr zu hören, denn ich weiß, dass ich damit noch mehr Lebensglück erfahre.
Zinnober	Ich erkenne meine persönliche Stärke und erlebe, wie ich mich im Alltag besser durchsetzen kann.
Zitrone	Meine innere Sonne beginnt zu leuchten und zu strahlen und gibt mir die Kraft, mich selbst auszudrücken.
Ihre eigene Farbe	Ich habe den Mut mich für meine bevorstehende Lebensveränderung zu öffnen, weil ich weiß, dass es eine höhere Kraft gibt, die mich dabei unterstützt.

Arbeit mit den Farbengeln

Im Abschnitt von den Sieben Strahlen haben wir manche aufschlussreiche Zuordnungen von Farben und kosmischen Meistern kennen gelernt. Dabei wurden auch Engel genannt, die mit bzw. in der ätherischen Kraft von Farben wirken können. In diesem Abschnitt soll es um die Arbeit mit den Farbengeln gehen. Diese Form der Engelarbeit besteht in meditativen Anrufungen, die man auch als Engelaffirmationen bezeichnen könnte. Nach Stichworten zu sieben Erzengeln finden Sie diese Vorschläge, die Sie zum Gebet oder zur geistigen Wiederholung verwenden oder in Ihre Meditation hinein nehmen können.

Erzengel Michael: *Der ist wie Gott*

Seine Flügel seien „von smaragdgrüner Farbe" und er habe „safrangelbe Haare" heißt es von diesem Erzengel, doch wird ihm meist Blau, die Farbe der geistigen Kraft und Klarheit und der spirituellen Liebe zugeschrieben.

> Erzengel Michael, ich rufe zu Dir:
> Erfülle meinen Geist, mein Herz und meinen Körper mit den Kraft Deiner Farbe Blau, die mir und anderen Klarheit und Schutz gewährt und mich daran erinnert, ein Kind Gottes zu sein.
> Ich danke Dir!

Erzengel Jophiel: Der Engel des Paradieses

Es gibt zwei Paradiese, nämlich das ewige himmlische und das irdische des Garten Edens. Jophiels Farbe ist Indigo, ein intensives, dunkles Blau, das heller und transparenter wird, je länger man unverwandt hinein schaut.

Erzengel Jophiel, ich rufe zu Dir:
Lass aus meinem Herzen ein tiefes Blau erstrahlen, das mich ganz erfüllt und mir Frieden und Geborgenheit schenkt, und anderen Menschen und Lebewesen ebenso.
Ich danke Dir!

Erzengel Chamuel: *Der Gott sucht*

Die Heilfarbe Grün und die Herzensfarbe Rosa sind die Kräfte, durch die dieser Erzengel von der ätherischen auf die irdische Ebene wirkt.

Erzengel Chamuel, ich rufe zu Dir:
Lass mich die kraftvolle Harmonie der Farbe Grün erspüren, und lass mein Herz von der zarten Schwingung der Farbe Rosa geöffnet werden, damit ich selbst auch Harmonie ausstrahle.
Ich danke Dir!

Erzengel Gabriel: *Gott ist meine Stärke*

Gelb, die Farbe der Kommunikation (Gabriel überbrachte Maria und Mohammed Botschaften Gottes), und Weiß, die Farbe der Reinheit, gehören zu diesem Erzengel.

Erzengel Gabriel, ich rufe zu Dir:
Sende mir die Kraft und Botschaft der geistigen Sonne Gottes durch die Farben Gelb und Weiß, damit ich selbst zu einem Botschafter Gottes auf Erden werde.
Ich danke Dir!

Erzengel Raphael: *Gott hat geheilt*
Raphael ist neben Michael und Gabriel (und Luzifer!) der einzige Erzengel, der im Alten Testament namentlich genannt wird. Seine Farbe ist Orange. Das ist insofern sehr interessant, weil in der Farbtherapie normalerweise vor allem Grün und auch Blau als Heilfarben angewandt werden. Orange steht für Ausdehnung, Erweiterung und damit Entwicklung, Hier ist Heilung also in einem anderen, höheren und ätherischen Sinn gemeint!

> Erzengel Raphael, ich rufe zu Dir:
> Lass mich spüren, wie die Farbe Orange meinen Blick öffnet, mir persönliche Sicherheit und Heilung und zugleich die Öffnung für neue Dimensionen verleiht.
> Ich danke Dir!

Erzengel Uriel: *Die Flamme Gottes*
Die Farben Rot sowie Gold gehören zu diesem Erzengel, die zu seinem Namen ja sehr gut passen.

> Erzengel Uriel, ich rufe zu Dir:
> Lass mich entflammen und leuchten mit den Farben Rot und Gold als Symbol der Liebe für das Leben, das ein wunderbares Geschenk Gottes ist, das wir hier nie ganz verstehen werden.
> Ich danke Dir!

Erzengel Zadkiel: *Die Rechtschaffenheit Gottes*
Die spirituelle Heilfarbe Violett, die auch höhere (weiße) Magie entwickeln soll, ist die Farbe, durch welche Zadkiel wirkt.

Erzengel Zadkiel, ich rufe zu Dir:
Schenke mir das spirituelle Verständnis für den Sinn meines Lebens und wie ich ihn am besten verwirklichen kann, geführt vom Leitstrahl der violetten Farbe.
Ich danke Dir!

Eine besondere Licht- und Farbmeditation

Wer eine ganz neue und ganz andere Art von Licht und Farben erfahren will als die uns bekannte physikalische, medizinische und psychologische, wird früher oder später auf Meditation und Mystik stoßen, auf die Erfahrung innerer Welten. Der Meditationsmeister Sant Rajinder Singh, Wissenschaftler, Schulengründer und Friedensstifter, sagt über die Lichtmeditation am sogenannten „dritten Auge" u.a.:

„Das wichtigste Kraftzentrum in der Welt ist der Sitz der Seele, der Augenbrennpunkt, das dritte Auge, das Einzelauge ... da unsere Seele nur von diesem Zentrum aus in die inneren Bereiche gelangen kann. Nur von diesem Zentrum aus können wir ... mit dem göttlichen Strom von Licht und Klang in Verbindung kommen. ... Auf der ersten Ebene sehen wir das Licht von Kerzen, auf der zweiten das Licht der rot aufgehenden Sonne, auf der dritten sehen wir ein Licht, das von einem Mond zu kommen scheint ..."

Es kann auch sein, dass Sie Lichtfunken sehen, Farben, Szenerien, und so fort, und dass Sie in die völlig neue Wunderwelt der inneren Wirklichkeiten Zugang gewinnen. Dazu eine Anleitung:

> Wenn Sie sich still und entspannt einfach hinsetzen, die Augen schließen und mit gesammelter Aufmerksamkeit in die Mitte dessen schauen, was *vor* der Stirn ist, etwa 15-20 Zentimeter davor in Augenhöhe, auf einem kleineren Fleck, dann werden Sie beginnen, im Dunkel nach und nach Lichtfunken, Farben und so fort zu sehen. Dabei sollte man langsam in Gedanken einen Namen Gottes wiederholen, als Konzentrationshilfe, als Schutz und als Prüfstein für den Wert innerer Offenbarungen.

Die vollständige (kostenlose) Einweisung in die Licht- und Klangmeditation gibt ein kompetenter spiritueller Meister. Weitere Informationen über Meditationstreffen und -anleitung bei www.sos.org bzw. www.sos.org/german

5
Ihre fünf Glücksfarben

Ihre persönlichen Farben: Ein neues Testverfahren

Für jeden Menschen ist es natürlich interessant herauszufinden, welche Farben-Konstellation für ihn jetzt eine wesentliche Rolle spielt bzw. ihm widerspiegeln kann, welche Themen und Wege gerade wichtig sind. C.G. Jung hat geschrieben, dass der symbolische Prozess ein Erleben im Bild und des Bildes ist. Er erklärt, dass der symbolische Prozess einen Rhythmus von Negation und Position, von Verlust und Gewinn, Hell und Dunkel darstellt und dass am Anfang eines solchen Prozesses fast immer eine besondere Problemsituation steht. Das Ziel sei, diese Problemsituation auf einer höheren Ebene zu überwinden. In diesem Sinne wird die Beschäftigung mit den 33 Kraftfarben helfen können, Problemsituationen besser zu erfassen und Lösungsmöglichkeiten klarer zu erkennen.

Psychologische Testverfahren

Damit wir wissen, in welchem Entwicklungsstadium der Individuation und der bewusst integrierten Lebenserfahrung wir stehen, gibt es seit rund einhundert Jahren in der Psychologie besondere Testverfahren. Am sind uns vermutlich Messungen zum Intelligenzquotienten (IQ), der die rationale und intellektuelle Leistungsfähigkeit angeben soll. Inzwischen spricht man auch vom EQ, dem Emotionalen Quotienten, der die Fähigkeit zum harmonischen und geschickten Umgang mit Menschen widerspiegeln soll. Mein Koautor hat vor einigen Jahren Aspekte des SQ, eines Spirituellen Quotienten, sehr intensiv untersucht.

In der Psychologie sind Testverfahren „Verfahren zur Untersuchung eines Persönlichkeitsmerkmals", in dem empirisch abgrenzbare Persönlichkeitsmerkmale untersucht werden. Es gibt „standardisierte" und „nicht standardisierte" Testverfahren. Intelligenztests, Leistungstests, Eignungstests, psychometrische und projektive Tests und viele mehr zählen dazu. Die Temperamente- und Konstitutionstypologie nach C. G. Jung (sanguinisch, cholerisch, phlegmatisch, melancholisch), das Assoziationsexperiment nach Jung (wobei man auf Reizworte antwortet – wenn „weiss" zum Beispiel das Reizwort ist, das zur Assoziation stimulieren soll, und man nicht auf „schwarz" kommt oder eine Farbe nennt, soll das Aufschlüsse über die seelische Funktionsfähigkeit geben), der Myers-Briggs-Typen-Indikator (der mit sechzehn Typen arbeitet), der Rorschach-Test und eine Fülle weiterer Methoden sind Anregungen gewesen, hier selbständig weiter zu forschen.

Diese Arbeiten, bekannte psychologische Persönlichkeitstests und die Vorschläge der baskisch-amerikanischen Anthropologin, Tiefenpsychologin und Mythenforscherin Angeles Arrien haben Anstöße gegeben, um das folgende Testverfahren zu entwickeln.

Ebenso haben natürlich persönliche Begegnungen sowie Unterweisungen durch herausragende geistige Lehrerinnen und Lehrern und inzwischen dreißig Jahre spirituelle Selbsterfahrung dazu beigetragen, bestimmte spirituelle Dimensionen zu erleben und einordnen zu können. Dabei handelte es sich allerdings weniger um konkrete Hinweise, wie man Seelenmuster erfasst, sondern mehr um die Inspiration, immer wieder neue Aspekte, neue Tiefen und Höhen des Seelenlebens und der Selbstwerdung wahrzunehmen.

Daraus ist ein Test entstanden, den der Koautor in seinem Buch „Fünf Kräfte meiner Seele" zum ersten Mal vorgestellt hat. Er eignet sich, entsprechend angepasst, auch hervorragend, um über die Farben Lebensthemen und Entwicklungschancen zu entdecken und zu verwirklichen.

Ihre Fünf Glücksfarben

Sie wählen, mit Hilfe der Karten aus dem Kraftfarben-Set oder anhand des Abdrucks der Farben in der Mitte dieses Buches, jeweils eine Farbe für einen Aspekt Ihres Themas bzw. Ihrer Frage aus, für die Sie näheren Aufschluss erhalten möchten. Es geht um fünf Aspekte eines Themas bzw. einer Frage, und zwar um das Ziel, die Hilfe, den Jetzt-Zustand, Ihre Fähigkeit und das derzeitige Problem. Zu diesen fünf Aspekten nun nähere Erläuterungen.

Ziel: Die erste Farbe, die Sie auswählen, symbolisiert das höchste Ziel, das Ideal, den schönsten Wunsch in Bezug auf Thema bzw. Frage. Da möchten Sie hin gelangen; dort spüren Sie Erfüllung. Diese Farbe ist für Sie im Hinblick auf Ihr Thema das Optimum.

Hilfe: Diese von Ihnen für diesen Aspekt des Themas gewählte Farbe symbolisiert, welche Art von Energie Ihnen am meisten Hilfe verspricht, welche Kraft Sie gern als Unterstützung mit dabei hätten, um Ihr Ziel zu erreichen bzw. um Ihr Ideal zu verwirklichen.

Jetzt: Sie wählen eine Farbe aus, die aus Ihrer Sicht am besten symbolisiert, wie Ihre Situation jetzt gerade ist, wie Sie sich persönlich in Bezug auf Ihr Thema oder Ihre Frage fühlen, welche Energien für Sie jetzt wirksam und spürbar sind.

Fähigkeit: Jeder Mensch hat viele Fähigkeiten und Gaben, die er aber oft vergisst. Die Psychologie nennt das „Ressourcen“. Diese Ressourcen sind oft das beste Instrument, um Herausforderungen zu bestehen und Probleme zu lösen. Welche Farbe symbolisiert Ihre besten Fähigkeiten, mit dem Thema umzugehen?

Problem: Schließlich symbolisiert eine Farbe, welche Energie Sie als die größte Belastung im Hinblick auf Ihre Frage sehen, wo Sie ein besondere karmische Aufgabe spüren, oder welche Schwierigkeit Sie am meisten zu hindern scheint.

Manche Menschen wählen die Farben in folgender Reihenfolge aus.

1. Ziel, Ideal;
2. Hilfe, um das Ideal zu erreichen;
3. Problem;
4. die eigene Fähigkeit;
5. der Jetzt-Zustand. Sie können die Reihenfolge selbst so bestimmen, wie es sich für Sie gut anfühlt.

Auswahl der fünf Glücksfarben

- Wenn Sie die Farbkarten zur Hand haben, mischen Sie diese und ziehen nach einander fünf Karten, die Sie erst am Schluss aufdecken. (Farbkarten: Siehe Anhang.)
- Alternativ sehen Sie sich die Farben auf den Farbtafeln an und wählen nacheinander die fünf aus, die Ihrer Ansicht nach am besten für die 5 Positionen passen; die Farben notieren Sie sich.

Ziel: Farbe ...
Hilfe: Farbe ...
Jetzt: Farbe ...
Fähigkeit: Farbe ...
Problem: Farbe ...

Dann lesen Sie die Stichworte zur Bedeutung der Kraftfarben auf der jeweiligen Position bzw. für den entsprechenden Aspekt Ihrer Frage bzw. Ihres Themas. Es gelten neben diesen kurzen Hinweise auch die ausführlicheren Informationen zu den Farben, die Sie in allen vorherigen Kapiteln gefunden haben, die hier jedoch aus Platzgründen nicht wiederholt werden.

Bedeutung der 33 Kraftfarben auf den fünf Plätzen

1) Magenta: Inkarnations- und Überlebensimpuls
Ziel: Spirituellen Lebenssinn finden und verwirklichen.
Hilfe: Vertrauen in höhere Führung.
Jetzt: Ich bin mutig bereit, meine Aufgaben anzupacken.
Fähigkeit: In der meditativen Stille, in einem inspirierten Naturerleben oder bei einer erhebenden Messfeier finde ich einen besseren Weg.
Problem: Notwendige Veränderungen werden abgeblockt.

2) Rot: Kraftvoller Selbstausdruck
Ziel: Das eigene Energiepotenzial leben.
Hilfe: Auch körperliche Zuwendung zu anderen Menschen.
Jetzt: Suche nach mehr Lebenskraft oder Leidenschaft.
Fähigkeit: Sich selbst und anderen gegenüber warmherzig sein.
Problem: Versuch, „Aufregungen“ aus dem Weg zu gehen oder Neigung zu starken Aggressionen.

3) Orange: Beginn einer Entwicklung
Ziel: Die Bereitschaft, sich für Neues zu öffnen und kreativ zu sein.
Hilfe: Eigene oder anderer Menschen jugendliche Tatkraft wird aktiviert.
Jetzt: Selbstvertrauen; gefestigte Persönlichkeit; Geselligkeit;
Fähigkeit: Die Kraft, schwierige oder depressive Phasen zu überwinden, steckt bereits in Ihnen.
Problem: Man hängt in alten Geleisen fest oder läuft Gefahr, sich in zu vielen neuen Dingen zu verlieren.

4) Gelb: Kommunikation mit der Umwelt

Ziel: Lebendiger Austausch; auch Dialog mit der geistigen Welt.

Hilfe: Offenheit, sich auch von „kleinen" Gunstbeweisen des Schicksals auf dem Weg zum Ziel ansporne n zu lassen.

Jetzt: Geistige Klarheit, wirklichkeitsnahes und dennoch positives Denken; Heiterkeit.

Fähigkeit: Gute Beobachtungsgabe, die zu entsprechenden Handlungsweisen führt.

Problem: Ungeduld, Mangel an Ausdauer; man hängt gern Phantasien und Tagträumen nach.

5) Lemon: Eigene Entscheidungen

Ziel: Hinwendung zu Gegenwart und naher Zukunft mit dem Ziel. Einen guten Energiefluss zu fördern.

Hilfe: Neue Unternehmungen, die Energien wieder fließen lassen.

Jetzt: Sie sind jetzt bereit, die Vergangenheit loszulassen und sich von alten Mustern und Emotionen zu lösen.

Fähigkeit: Gutes Selbstwertgefühl, das „ausgegraben" werden sollte.

Problem: Das Gefühl, durch einen diffusen Energiestau nicht vom Fleck zu kommen bzw. gehemmt zu werden.

6) Grün: Harmonisches Leben

Ziel: Wunsch, „über den Dingen zu stehen" und Ausgleich zu finden.

Hilfe: Sich in die innere Quelle einlassen.

Jetzt: Man möchte jetzt nicht weiter in Gefühle verstrickt werden.

Fähigkeit: Zwischen oberflächlichen Gefühlsbewegungen und tiefen Gefühlen unterscheiden können.

Problem: Die Strukturen im Leben scheinen wichtiger als die menschlichen Gefühle zu sein.

7) Blau: Öffnung über persönliche Grenzen hinaus

Ziel: Sehnsucht nach dem Flug der Seele in höhere Gefilde.

Hilfe: Gebet, Meditation, Besuch der Messe, Engelarbeit.

Jetzt: Sie spüren einen tiefen Frieden; unter Umständen erleben Sie das aber auch als eine unfreiwillige Ruhephase.

Fähigkeit: Sie verfügen über genügend mentale Ruhe, um mit den jeweiligen Herausforderungen fertig zu werden.

Problem: Sie fühlen sich oft unverstanden; Neigung zum Phlegma.

8) Violett: Inspiration von oben

Ziel: Spirituelle Klarheit als Führung für das Alltagsleben.

Hilfe: Lassen Sie sich auf Inspiration aus der geistigen Welt ein.

Jetzt: Bereitschaft, sich zu verändern und die Welt zu verbessern.

Fähigkeit: Durch Yoga, Kuren oder Gebete eine höhere Kraft einladen, die Probleme aufzulösen.

Problem: Sie glauben womöglich nur an das, was Sie greifen, zeigen, wiegen und sonst wie messen können; oder Weltflucht.

9) Purpur: Wille zur Manifestation

Ziel: Tiefes und umfassendes Vertrauen in das Leben entwickeln.

Hilfe: Obwohl ein Rot-Ton, kann Purpur Gefühle so dämpfen, dass sie nicht überwältigen. (Achtung: nicht zu viel davon!)

Jetzt: Sie wissen sich mit sich selbst im Reinen!

Fähigkeit: Sie können sich selbst behaupten und Ihre Möglichkeiten nutzen, wenn Sie dazu „gezwungen" werden.

Problem: Vorsicht vor dem Glauben, dass nur die eigenen Urteile zählen und dass eigene Meinungen immer Wahrheit seien.

10) Zinnober: Gestaltung im Hier und Jetzt

Ziel: Zu neuen Horizonten aufbrechen und dabei die Wünsche und Rechte anderer achten.

Hilfe: Sich vom Funken der eigenen Leidenschaft anspornen lassen.

Jetzt: Sie streben nach Veränderung, bewegen sich und geben anderen neue Impulse.

Fähigkeit: Lebensfreude und Begeisterung spielerisch einsetzen können, auch um andere zur Veränderung zu bewegen.

Problem: Aufgestaute Energien aufgrund von Unverständnis der Umwelt; u.U. auch Teilnahmslosigkeit und gehemmtes Triebleben.

11) Zitrone: 1. Meisterschaft auf der irdischen Ebene

Ziel: In einer wichtige Angelegenheit eine klare Entscheidung treffen.

Hilfe: Überlegen, loslassen, sich in den Fluss des Lebens einspüren.

Jetzt: Derzeit geht Ihnen alles nicht schnell genug.

Fähigkeit: Sie spüren, was Sie jetzt ablegen bzw. ganz hinter sich lassen sollten, um frei zu sein, den nächsten Schritt zu machen.

Problem: Oberflächlichkeit und Unverbindlichkeit oder Mangel an geistiger Beweglichkeit und Offenheit für Neues.

12) Frühlingsgrün: Erblühen für höhere Werte

Ziel: Einen neue Lebensabschnitt voller Harmonie beginnen.

Hilfe: Wo Sie jetzt im Leben, für den Körper oder die

Seele, Heilung spüren, das hilft auch, Ihr Ziel zu erreichen.

Jetzt: Wunsch nach Erneuerung. Ohne selbst im Mittelpunkt stehen zu wollen.

Fähigkeit: Sie können die innere Aufbruchsstimmung gut nutzen.

Problem: Unsicherheit im Hinblick auf die Zukunft.

13) Tannengrün: Festigung der höheren Werte

Ziel: Die Quelle einer inneren Stärke entdecken, die nie versiegt.

Hilfe: Inneren Frieden ausstrahlen oder von anderen „tanken".

Jetzt: Durchhaltevermögen; emotional eher kühl; Wunsch, in Ruhe gelassen zu werden.

Fähigkeit: Gabe, sich zeitweise aus dem Weltgetriebe und dem hektischen Leben zurückzuziehen, zumindest innerlich.

Problem: Stures Festhalten am Altbekannten; Gleichgültigkeit.

14) Türkis: Ausstrahlung höherer Werte

Ziel: Die eigne Wahrheit kennen, aussprechen und verwirklichen.

Hilfe: Mit guten Freunden über die eigenen Ziele sprechen.

Jetzt: Der Wunsch nach Manifestation der eigenen Ideen ist stark.

Fähigkeit: Klare Urteils- und Kommunikationsfähigkeit.

Problem: Verstand und Gefühl geraten sich in die Quere; man kann sich wegen guter Argumente pro und contra nicht entscheiden.

15) Indigo: Verankerung des Bewusstseins im höheren Selbst

Ziel: Zwischen hohen geistigen Idealen und dem Zusammenleben im Alltag eine echte Harmonie finden.

Hilfe: Geduld und Abwägung; man sollte vermeiden, auf Gefühle sofort zu reagieren.

Jetzt: Konservative Einstellung, u.U. auch eine Spur von Weltfremdheit; Suche nacht Gerechtigkeit.

Fähigkeit: Sie spüren sensibel, vielleicht medial, was wichtig ist.

Problem: Mangel an Interesse an der irdischen Realität oder noch nicht genügend Intuition für spirituelle Impulse.

16) Nachtblau: Erfüllung durch überpersönlichen Frieden

Ziel: Suche nach der wahre ewigen Mitte.

Hilfe: Entspannungsübungen, lange Spaziergänge in möglichst unberührter, abgeschiedener Natur.

Jetzt: Gewissenhaftigkeit verbindet sich mit dem Wunsch, die Umwelt nicht zu nahe an sich heran kommen zu lassen.

Fähigkeit: Urvertrauen auf Hilfe auch unter schwierigen Umständen.

Problem: Mangel an Lebenserfahrung; auch Träumereien.

17) Rosé: Herzöffnung für die Sehnsucht der Seelen

Ziel: Herzensliebe im Alltag verwirklichen, in der Gemeinschaft.

Hilfe: Opfer-Täter-Muster können (und sollen) abgelegt werden.

Jetzt: Sie fühlen sich geborgen und wissen sich im Schutz Gottes, Jesu, Mariens, der Engel bzw. himmlischer Wesen.

Fähigkeit: Sie können vergeben und vergessen. Wenn Sie

diese Fähigkeit jetzt reaktivieren, werden Sie große Fortschritte machen.

Problem: Neigung zu Sentimentalität; Bedrängnis durch eine derbe oder harte Umwelt.

18) Pfirsich: Mitfühlende Anteilnahme an spiritueller Sehnsucht

Ziel: Äußeren Blick und innere Einstellung auf das Positive richten.

Hilfe: Fördern Sie jetzt alles in Ihrem Leben, das wie ein Seelenbalsam wirkt.

Jetzt: Sie haben, zumindest in der Fragestellung, eine feingeistige, spirituelle Denkweise und verhalten sich dementsprechend.

Fähigkeit: Nutzen Sie Ihre vorhandene Kreativität (wieder) stärker.

Problem: Es fällt schwer, Zwischentöne zwischen Weiss und Schwarz wahrzunehmen; u.U. blumig-süßliche Übertreibungen.

19) Apricot: Heilende Hilfe für spirituelle Sucher

Ziel: Herzenswärme ausstrahlen, an Problemen anderer Anteil nehmen, ohne darunter selbst zu leiden.

Hilfe: Heitere Gelöstheit.

Jetzt: Man hat Geborgenheit gefunden bzw. gibt anderen Menschen oder Lebewesen neue Geborgenheit.

Fähigkeit: Mitgefühl, aber kein Mitleiden.

Problem: Man will anderen immer viel helfen und läuft dabei Gefahr, selbst zu viel Energie zu verlieren; man gönnt sich selbst zu wenig.

20) Cream: Zeit des Ausruhens

Ziel: Einen sinnvollen Beitrag leisten, damit die Welt ein besserer Ort, wenn man sie eines Tages wieder verlässt.

Hilfe: Aktive Gelassenheit.

Jetzt: Wahrnehmung von Emotionen und Hintergrundmotiven, ohne den Drang, darauf sofort reagieren zu müssen.

Fähigkeit: Man weiß, wie Stress in Beruf und Familie durch Ruhepausen, Hobbys oder andere Mußestunden gelöst wird.

Problem: Man möchte viel, will aber wenig „riskieren"; Langeweile.

21) Jade: Zeit der stillen Freude

Ziel: Sicherheit, die sich auf ein ganzes Leben erstreckt.

Hilfe: Sich von ganz natürlichen Ängsten nicht ins Bockhorn jagen lassen, sondern durch sie hindurch gehen.

Jetzt: Ruhiger, klarer Selbstwert verbindet sich mit einem harmonischem Fluss von Gedanken und Tätigkeiten.

Fähigkeit: Sie verfügen über eine tiefe innere Zuversicht.

Problem: Bei allem Streben nach Sicherheit sollte sich kein Mensch ganz von anderen abkapseln wollen.

22) Himmelblau: 2. Meisterschaft auf der ätherischen Ebene

Ziel: Seelenfriede in geistiger Wachheit, heiterer Gelassenheit und schöpferischer Wirksamkeit

Hilfe: Unbestimmtheiten loslassen, ohne missionarisch zu werden.

Jetzt: Sie gehen Streit aus dem Wege und streben nach Harmonie.

Fähigkeit: Sie vermögen auf die Gefühle Ihrer Seele zu hören und der inneren Stimme in sich Raum zu geben.

Problem: Der Mensch leidet unter seelischer Dunkelheit in seiner Umwelt; manchmal auch aufgesetzte Sorglosigkeit.

23) Lavendel: Öffnung über ätherische Grenzen hin-

aus

Ziel: Über die materialistische Weltsicht und Lebensweise zu einer höheren Form des Bewusstseins gelangen.

Hilfe: Ideale auch dann vertreten, wenn sie „altmodisch" erscheinen.

Jetzt: Hinwendung zu geistig kultivierten Dingen; wirkt auf die Umwelt manchmal abweisend.

Fähigkeit: Feinfühligkeit und die Gabe, anderen helfen zu können, ohne sich aufzudrängen.

Problem: Spirituelle Themen und Sichtweisen scheinen langweilig.

24) Pink: Sehnsucht nach spiritueller Harmonie

Ziel: Suche nach echter Inspiration und beschwingter Lebensfreude.

Hilfe: Leben Sie Ihre Individualität und Originalität.

Jetzt: Schwingungen sind wichtig für Sie und deren Austausch.

Fähigkeit: Sie sind bereit und fähig, auf andere Menschen mit Begeisterung einzugehen.

Problem: Eigensinn, der andere nicht beachtet, aber immerhin den Selbstwert stärkt.

25) Weiss: Notwendigkeit der Klärung

Ziel: Die Ganzheit des Lebens erfassen, in der Unterschiede schöne Vielfalt sind und nicht trennen oder bedrücken.

Hilfe: Keine speziellen Vorstellungen oder Absichten hegen.

Jetzt: Klarheit mit einem Hang zum Perfektionismus

Fähigkeit: Stärke, die durchlässig ist und nicht zwingt.

Problem: Angst vor dem „Nichts", der Leere, dem Tod; oder übersteigerte Selbstdarstellung.

26) Grau: Aufnehmendes Abwarten

Ziel: Ausgleich zwischen kreativer Lebensfreude und Anpassung an die Gesellschaft oder Gemeinschaft.
Hilfe: Entschlossenes Handeln nach reiflicher Überlegung.
Jetzt: Ein vorsichtiger Mensch, der seine Schritte genau überlegt.
Fähigkeit: Ohne groß aufzufallen und mit Gleichmut Probleme lösen.
Problem: Geschwächter Selbstwert; Unverständnis für Scheu oder Zurückhaltung anderer Menschen.

27) Schwarz: Bewahrung von Energien

Ziel: Nach einer Zeit der Sammlung und des Rückzugs geht es jetzt um neue Ziele bzw. neuen Sinn.
Hilfe: Für eine Zeit lang ist ein Rückzug, örtlich, emotional oder seelisch, ein notwendiger Durchgang für den nächsten Schritt.
Jetzt: Was will ich verbergen? Vor mir, vor anderen Menschen?
Fähigkeit: Energien aufnehmen und transformieren können.
Problem: Abkehr von Umwelt und Freunden; geheimes Machtstreben als Motiv des Handelns.

28) Silber: Kommunikation auf der Ätherebene

Ziel: Es geht darum, die spirituellen Aufgaben im eigenen Leben zu erfassen und spirituelle Botschaften an andere weiter zu geben.
Hilfe: Reinheit der Motivationen und überpersönliche Distanz.
Jetzt: Ein Mensch, der sich über das anstehende Thema beredet und dabei lichtvoll auszudrücken versteht.
Fähigkeit: Kommunikation, auch über karmische Lebensaufgaben.
Problem: Mangel an mentaler Klarheit; manchmal Redseligkeit und Verlust und Wirklichkeitssinn.

29) Perlmutt: Liebe auf der Ätherebene

Ziel: Das Leben genießen können, ohne an Freuden festzuhalten.

Hilfe: Vielseitigkeit und schimmernde Farbigkeit der Welt und der Menschen fröhlich erfahren, und dabei nichts fixieren wollen.

Jetzt: Sie können auf dezente Weise die Aufmerksamkeit auf sich bzw. Ihr Thema lenken und andere an der Arbeit beteiligen.

Fähigkeit: Trotz sehr komplexer Umstände sicher auswählen.

Problem: Verunsicherung durch die verlockende Buntheit der Möglichkeiten; die Kräfte zerstreuen sich; Unbestimmtheit.

30) Gold: Überpersönliche Liebe

Ziel: Die Entwicklung der ganzen Persönlichkeit in Übereinstimmung mit der Bewusstwerdung des göttlichen Seelenfunkens.

Hilfe: Herzensgüte, die aus einer überpersönlichen Sichtweise fließt.

Jetzt: Sie sind sich Ihres Wertes bewusst und strahlen das auf natürliche Weise „vom Selbstverständlichkeits-Standpunkt“ aus.

Fähigkeit: Verwirklichung spiritueller Ideale im Alltag.

Problem: Verdeckter Mangel an selbstwert; Ablehnung einer höheren geistigen Kraft, in die jeder Mensch eingebettet ist.

31) Kupfer: Transformierte irdische Liebe

Ziel: Die Verbindung zwischen irdisch-sinnlicher Liebe und dem Bewusstsein, von einer kosmischen Liebe getragen zu sein.

Hilfe: Ihre Sehnsucht wird Ihnen helfen, Ihre Ziele zu erreichen.

Jetzt: Bereitschaft, anderen Menschen dieselbe Wertschätzung einzuräumen wie sich selbst.
Fähigkeit: Mut, Zuneigung offen zu zeigen und damit eine Atmosphäre der Herzenswärme zu schaffen.
Problem: Überdruss durch Übersättigung; Suchtverhalten.

32) Braun: Beschütztes Leben

Ziel: Sicherheit im Leben erfahren und verankern wollen.
Hilfe: Anderen selbstlos zu helfen vermittelt einem selbst Erdung.
Jetzt: Je nach Typ selbstsichere Eleganz oder emotional-intellektuelle bzw. spirituelle Behäbigkeit.
Fähigkeit: Aus irdischen Formen schöpferische Kräfte gestalten.
Problem: Trägheit, Mangel an Willens- und Tatkraft.

33) Eigenfarbe: 3. Meisterschaft auf der spirituellen Ebene

Ziel: ....

Hilfe: ....

Jetzt: ....

Fähigkeit: ....

Problem: ....

Spüren Sie selbst, was Ihre eigene Lieblingsfarbe für Sie bedeutet, wenn diese Farbe auf ein Ziel hinweist, wenn sie als Hilfe dienen soll, um ein Ziel zu erreichen, wenn diese Farbe Ihren jetzigen Zustand kennzeichnet, wenn sie ein Problem symbolisiert oder wenn diese Farbe schließlich eine Ihrer bisher brach liegenden Fähigkeiten darstellt, mit denen Sie Problem lösen können. Ihre eigene Lieblingsfarbe kann eine ganz andere Farbe sein als die in diesem Buch beschriebenen, oder sich auch nur in Nuancen, Farbsättigung oder Schattierungen von einer der oben genannten Farben unterscheiden.

Zwei praktische Anwendungsbeispiele

I. Beispiel

Nehmen wir an, Sie möchten eine Inspiration, wie Sie Ihre Partnerschaft erfüllter gestalten können, was Sie dazu beitragen können, dass Sie und Ihr Partner bzw. Ihre Partnerin harmonischer und glücklicher sind. Sie wählen für die fünf Bereiche jeweils eine Farbe aus, nämlich für Ihr Partnerschaftsideal, für das, was Sie sich als Hilfe wünschen würden, wie Sie Ihren Jetzt-Zustand empfinden, wo Sie spüren, dass das Problem liegt, und welche eigenen Kräfte Sie glauben mobilisieren zu können, um diese Probleme zu lösen. In unserem Beispiel gehen wir davon aus, dass die Person folgende Farben gewählt hat.

Ziel: Violett: Spirituelle Klarheit als Führung für das Alltagsleben.

Hilfe: Himmelblau: Unbestimmtheiten loslassen, ohne missionarisch zu werden.

Jetzt: Grau: Ein vorsichtiger Mensch, der seine Schritte genau überlegt.

Fähigkeit: Orange: Die Kraft, schwierige oder depressive Phasen zu überwinden, steckt bereits in Ihnen.

Problem: Schwarz: Abkehr von Umwelt und Freunden; geheimes Machtstreben als Motiv des Handelns.

Deutung:
Umsetzung der Kurzaussagen zu den Kraftfarben auf den verschiedenen Positionen für die konkrete Fragestellung (4. und 5. sind vertauscht, weil erst das Erkennens des „Problems“ die eigene Gabe, damit umzugehen, deutlich macht)

1. Sie streben an, dass Ihre Partnerschaft auch im Alltag von spirituellen Gedanken und Zielen durchatmet und durchlichtet wird. 2. Dabei wird helfen, eigene geistige Klarheit zu gewinnen, unbestimmte, undeutliche Meinungen sowie nicht stimmige Reaktionsmuster loszulassen; es geht also darum, selbst klarer zu werden, ohne den anderen damit missionieren zu wollen.
3. Sie wollen in dieser Frage nach der erfüllten Partnerschaft aber nichts „riskieren“, sondern vorsichtig und bedacht vorgehen und Veränderungen Ihrer Handlungsweise vorher umsichtig bedenken.
5. Prüfen Sie nun, inwieweit Sie sich durch diese Wünsche für die Partnerschaft eventuell bereits zu sehr darauf konzentriert haben, so dass Umwelt und Freunde vernachlässigt wurden und die Erwartungshaltung im Hinblick auf die Partnerschaft einfach zu überfrachtet ist. Es könnte auch sein, dass es in der Beziehung unterschwellig um Kontrollthemen geht.
4. Sie haben in sich die „Ressource“, wie man in der Sprache der Psychologie sagen würde, durch Entfaltung, Öffnung und Lebensfreude das Problem von Position 5. zu überwinden bzw. aufzulösen.

II. Beispiel
Vielleicht suchen Sie eine Antwort auf die Frage, wie Sie die Anforderungen von Beruf und Familie mit dem Wunsch nach größerer Kreativität verbinden können. Wieder suchen Sie sich (mit oder ohne Karten, eventuell anhand der Farbseiten in der Mitte dieses Buches) fünf Farben aus für

die Bereiche Ziel bzw. Idealvorstellung, mögliche Hilfe zum Ziel, der Jetzt-Zustand, die eigenen Fähigkeiten und Ressourcen sowie die Aufgabe oder die Herausforderung. Nehmen wir an, Sie haben für diese fünf Bereiche so gewählt:

Ziel: Gold: Die Entwicklung der ganzen Persönlichkeit in Übereinstimmung mit der Bewusstwerdung des göttlichen Seelenfunkens.

Hilfe: Rosé: Opfer-Täter-Muster können (und sollen) abgelegt werden.

Jetzt: Zinnober: Sie streben nach Veränderung, bewegen sich und geben anderen neue Impulse.

Fähigkeit: Grün: Zwischen oberflächlichen Gefühlsbewegungen und tiefen Gefühlen unterscheiden können.

Problem: Cream: Man möchte viel, will aber wenig „riskieren“; Langeweile.

Deutung:

Umsetzung der Kurzaussagen zu den Kraftfarben auf den verschiedenen Positionen für die konkrete Fragestellung (Positionen 4 und 5 wieder umgelehrt behandelt)

1. Zurecht spüren Sie, dass das Leben mehr als nur Arbeiten, Lebensunterhalt für die Familie und vielleicht einige fröhliche und viele weniger fröhliche Augenblicke sein könnte.
2. Es hat keinen Sinn, dass Sie sich als Opfer der modernen Arbeitswelt oder als Opfer der Familienverpflichtungen

oder beider fühlen. Es bringt Sie auch nicht weiter, wenn Sie meinen, weil Sie in der Jugend nicht genug künstlerisch gefördert wurden, könnten Sie sich auch jetzt (noch) nicht (mehr) richtig entfalten. Sagen Sie solchen Mustern also Lebe wohl!

3. Sie sind bereit für eine Veränderung; Sie treffen die notwendigen Entscheidungen und stellen die Weichen entsprechend, und Sie geben durch Ihr Streben nach mehr Kreativität auch anderen Menschen (in Familie bzw. am Arbeitsplatz) neue Impulse.
5. In Ihrer Situation geht es vor allem darum, sich realistische Nahziele zu stecken, die Sie bald erreichen können, ohne „zuviel zu riskieren“ (wie etwa weniger Leistungskraft beim Job oder weniger Mittun in der Familie).
4. Sie besitzen bereits die Gabe, zwischen vorübergehenden flüchtigen Gefühlswallungen und echten seelischen Bedürfnissen unterscheiden zu können. Setzen Sie diese Fähigkeit nun ein, um sich stimmige Nahziele zu setzen.

Schlussworte

Wo Licht und Farben sind, sind Leben, Hoffnung und Freude

Das Bewusstsein der Gedanken und der Kräfte der Farben kann auf jeder Ebene angewandt werden. Dabei ist es gleich, ob es sich um Gesundheit, Partnerschaft, Glück, Erfolg, Liebe oder Reichtum handelt. Jeder von uns besitzt die Kraft, das Licht, die Kraft und die Magie der Farben durch gute Gedanken, schöne Gefühle und freundliche Worte zu formulieren. Je heller und positiver Ihre Gedanken eingesetzt werden, desto besser. Denken Sie an den Ausspruch von Rabia Basri, einer Mystikern (717-801):

> *„Abneigung ist Mangel an Licht, ist Schatten.*
> *Wenn das Herz vom Licht der göttlichen*
> *Liebe erfüllt ist,*
> *ist für Schatten kein Platz."*

Hiermit wünsche ich Ihnen, das Sie die Kraft und Magie der Farben lichtvoll einsetzen können, dass Sie Freude, Gesundheit, Heilung, Stärke und Lebensenergie, Harmonie, Wahrheit, Liebe und das Strahlen Ihrer Seele und der anderen Lebewesen wahrnehmen können!

Dem Allmächtigen und all seinen Lichtboten und Lichtbotinnen, den Heiligen und Mystikern aller Religionen, den Erzengel und Engeln danke ich für die Ermutigung von uns

Menschen, das Licht in sich zu spüren und es für andere weiter auszustrahlen. Hier auf der Erde, in der Materie, können wir es als die Kraft und Magie der Farben täglich erleben.

Mein persönlicher Dank gilt den Lichtmeistern dieses und des letzten Jahrhunderts, dass ich den Weg des Lichts und die Kraft der Farben erfahren durfte und gehen darf.

Bei allen Lesern bedanke ich mich, dass Sie sich die Mühe gemacht haben, mehr über die Kraft der Farben zu erfahren und ich wünsche Ihnen, dass Sie den Weg zurück zur Liebe finden und dabei stets in der Lage sein mögen, mit Hilfe der Farben und des Lichts am Wunder der Schöpfung mitzuwirken!

Ingrid Kraaz von Rohr, Grünwald bei München,
um die Herbst-Tagundnachtgleiche 2006

Anhang

Farbakupunkturlampe
LEP Farblampe MultiColor Combi Set

Lichtstarke Maglite Handlampe mit 2x12 verschiedenen Farbfiltern zum individuellen Kombinieren von Farben zur Bestrahlung; mit Filterhalter, Kristallpyramiden-Aufsatz, Batterien, Ersatzbirne, Handschlaufe und achtseitigem Anleitungsheft in stabiler Box mit Seidenstoff-Einlage. Euro (D) 120. Die LEP Farblampe eignet sich vor allem im Rahmen von Farbtherapie und Farbakunktur zur psychosomatischen und physiologischen Förderung von Heilprozessen sowie zur Farbmeditation und Chakraaktivierung im Rahmen der spirituellen Bewusstseinsentfaltung. Durch Anzahl der Farbfilter (2x12) gibt es mehrere hundert Farbmischmöglichkeiten. Sowohl zahlreiche Heilpraktiker, Kosmetikerinnen und Laien haben mit dieser von Ingrid Kraaz von Rohr entwickelten Farblampe hervorragende Ergebnisse erzielt. Bezug über:

Wrage Versandservice Hamburg, Schlüterstr. 4, 20146 Hamburg; Fax +49-40-442469; e-mail info@wrage.de; website www.wrage.de; Farb-Energiesets (für Wasser etc.), Farb-Therapie- und Akupunkturlampen, Buchversand, etc.

Literaturhinweise

Weitere Bücher von Ingrid Kraaz von Rohr

Think Pink, Wege zum richtigen Pendeln, Urania Verlag, CH-Neuhausen 1996

Farbtherapie – Das Basiswissen über Wirkung und Anwendung der Farben, Nymphenburger Verlag, München 2003

Lichtkraft: Licht als Ur-Quelle von Energie und Leben nutzen, Goldmann Verlag, München 2001

Farbtherapie aus der Küche: Farben und Lichtkraft aus der Ernährung, Nymphenburger Verlag, München 1996

Bücher von Ingrid Kraaz von Rohr & Wulfing von Rohr

Heilblüten-Farbkarten: Die Kombination von Bachblüten und Farbe (78 Karten mit Anleitung), AGMüller -Carta Mundi, CH-Neuhausen 1989

Heilende Farben – Farbtherapie leicht gemacht (78 Karten mit Anleitung), AGMüller-Carta Mundi, CH-Neuhausen 1990

Naturheilkunde für Frauen in der Lebensmitte, Knaur Verlag, München 2003

Die richtige Schwingung heilt: Standardwerk zur Heilung mit Schwingungen (Bachblüten, Farbe, Notfallhomöopathie und großer neuer Teil zu den Schüsslersalzen), Arkana, Random House, München; die erweiterte Neuausgabe erscheint im Februar 2007 als Paperback

Bücher von Wulfing von Rohr

Engel: Boten des Himmels, Boten der Seele, Lüchow Verlag, Stuttgart 2006. (Umfassende Information über Engel in Religionen, Psychologie und Esoterik, Inspiration zur Verbindung mit lichten Energien, Anleitungen zu Engelmeditationen)

Geheimnisvolle Palmblatt-Bibliotheken, Lüchow Verlag, Stuttgart 2006 (Ist das Leben Schicksal oder Zufall, Karma oder Chaos? Mit persönlichen Berichten von zwei Palmblattbibliotheken)

5 Kräfte meiner Seele, Lüchow Verlag, Stuttgart 2005 (Wie wir mit Hilfe von Archetypen, Mythen und Symbolen Ursachen von Problemen erkennen und Lebensaufgaben meistern können.)

Meditation – Ein Praxisbuch für den Alltag, Lüchow Verlag, Stuttgart 2004; Buch + Meditations-CD

Mantras – Heilige Laute der Kraft, Meditations-CD, Lüchow Verlag, Stuttgart 2005

Meinen Kraftort finden – Buch und 48 Karten, Urania-AGMüller, CH-Neuhausen 2006 (Über 100 Kraftorte aus dem deutschsprachigen Raum sowie wichtige andere aus aller Welt mit ihren psychosomatischen und spirituellen Wirkungsmöglichkeiten)

Worauf es in Wirklichkeit ankommt, Via Nova Verlag, Petersberg 2004 (Erfahrungen und Hilfen zu wesentlichen Aspekten des spirituellen Lebens.)

Die Horoskopuhr und andere Prognosetechniken in der Astrologie, Chiron Verlag, Tübingen 2004

Kontaktadressen

Kontakt HP Ingrid Kraaz von Rohr, ND, Grünwald
Fax +49-89-6414010;
E-mail ingrid.kraazvrohr@t-online.de;
Naturheilpraxis, v.a. Homöopathie,
Farb- + Lichttherapie, Allergie, Lebensberatung; Seminare, Fortbildungskurse

Kontakt Wulfing von Rohr
Tel +43-(0)6246-74448;
E-Mail: info@bodyspirit.org
Webseiten: www.engeltage.org; www.bodyspirit.org